中國學術思想 研究輯刊

八 編

林 慶 彰 主編

第 29 冊

唐君毅文化哲學析論

王 雪 卿 著

花木蘭文化出版社

國家圖書館出版品預行編目資料

唐君毅文化哲學析論／王雪卿 著 — 初版 — 台北縣永和市：
花木蘭文化出版社，2010〔民99〕
目 2+156 面；19×26 公分
（中國學術思想研究輯刊 八編；第 29 冊）
ISBN：978-986-254-213-2（精裝）
1. 唐君毅 2. 學術思想 3. 文化評論 4. 文化研究
541.26   99002492

ISBN - 978-986-2542-13-2

9 789862 542132

中國學術思想研究輯刊
八　編　第二九冊   ISBN：978-986-254-213-2

唐君毅文化哲學析論

作　　者　王雪卿
主　　編　林慶彰
總 編 輯　杜潔祥
出　　版　花木蘭文化出版社
發 行 所　花木蘭文化出版社
發 行 人　高小娟
聯絡地址　台北縣永和市中正路五九五號七樓之三
　　　　　電話：02-2923-1455／傳真：02-2923-1452
網　　址　http://www.huamulan.tw 信箱 sut81518@ms59.hinet.net
印　　刷　普羅文化出版廣告事業
封面設計　劉開工作室
初　　版　2010 年 3 月
定　　價　八編 35 冊（精裝）新台幣 58,000 元
　　　　　　　　　　　　　　　　　　　版權所有‧請勿翻印

唐君毅文化哲學析論

王雪卿　著

作者簡介

王雪卿，臺灣嘉義人。淡江大學中文學士，中央大學中文碩士。現任教於吳鳳技術學院通識教育中心。求學時期，受唐君毅先生、牟宗三先生新儒家思想薰陶，感動於德性之學的莊嚴與人人自由、平等。後受教於曾昭旭老師，對於人性負面情緒及工夫論，有深刻之啟發。十數年，游心於儒、釋、道三家之學，以尋求安身立命之道。近年來，感於儒家精神剛健、佛家工夫細密，以宋明理學和佛學為主要研究領域。以期自立立人、自渡渡人，使生命更美好，世界更美好。

提　　要

　　唐君毅先生是當代新儒學重鎮，一生忠于文化理想，其論文化諸作，皆「弘大而闢，深閎而肆」，「彼其充實不可以已」，對文化的見解有其深度和廣度，然到今天為止，專門研究唐先生思想的著作還很少，且時下一般知識分子談唐先生往往是批評苛責（甚至可說是在對其精神義蘊尚未有整全的和深入的了解之前即對之輕易加以否定，此以林毓生先生為典範）多過同情的了解。本論文之寫作，係有感於此，故選擇了唐先生的文化觀作為研究的主題，通過對《文化意識道德理性》、《中國文化之精神價值》、《人文精神之重建》、《中國人文精神之發展》、《中華人文與當今世界》、《中華人文與當今世界補編》等書之研究，來呈現唐先生文化觀的面目，以期人能正視其貢獻，並知其所言之分際。

　　在研究方法上，本論文雖質疑以思想史的角度或者只從時代背景來考察即可解釋唐先生何以產生如此之文化觀，然認為唐先生論文化之意義畢竟是要放入此一思想史的視點才能凸顯其重要性，故本論文亦往往與百餘年來的思想氛圍相對照，藉以凸顯唐先生文化觀所面對的問題及其面目。

　　本文之內容除導論、結論外，主要分成五部分，第一部分由唐先生早年的立本明體工夫說起，以作為理解其文化觀之性格之思想背景。第二部分以下即正式討論其文化觀，文化的一本多元論，主要環繞道德與文化的關係來談，見其一方面繼承儒家道德主義的文化觀，然復有所開展的，以說其不是一般的文化一元論或多元論者，而是在文化一元論與多元論之上所作的反省。第三部分返本開新說則探討唐先生對歷史文化的看法，由對中國歷史文化精神生命之肯定，批判新文化運動以來知識分子之認為只有在傳統文化的灰燼上，才能重建中國文化的迷思，認為唯有歷史文化的回顧才是突破危機之道。第四部分論中國文化之精神價值，說其善釐清中國文化之龐雜糾纏，以透顯其間優美的貢獻。第五部分中國文化之重構觀，則探討唐先生對西方文化的態度，以及中國文化在吸收西方文化當有的新面目為何。整體而言，唐先生的文化觀乃是植基於其立本明體的主體哲學，而其格局則是綜攝古今中西的，立基於傳統以開新，立基於中國文化之精神本原以吸收西方文化。透過對其文化觀的析論，本論文認為唐先生偏重在「從主體來攝系統，從意義來生發結構」，所思索的誠然只是文化大問題中的一部分，然確實是照著歷史道路的確定方向，顯示中國知識份子要擺脫外來壓力迷誘以承擔歷史文化重擔的精神氣概，是代表一個「真正的中國文化運動」。

目

次

引用唐君毅著作縮寫表

《體驗》:《人生之體驗》,台北:台灣學生書局,1989 全集校訂版。

《自我》:《道德自我之建立》,台北:台灣學生書局,1985 全集校訂版。

《心物》:《心物與人生》,台北:台灣學生書局,1989 全集校訂版。

《續編》:《人生之體驗續編》,台北:台灣學生書局,1988 全集校訂版。

《病裡》:《病裡乾坤》,台北:鵝湖出版社,1984 再版。

《價值》:《中國文化之精神價值》,台北:正中書局,1989。

《重建》:《人文精神之重建》,台北:台灣學生書局,1988 全集校訂版。

《發展》:《中國人文精神之發展》,台北:台灣學生書局,1984 六版。

《中華》:《中華人文與當今世界》,台北:台灣學生書局,1988 全集初版。

《補編》:《中華人文與當今世界補編》,台北:台灣學生書局,1988 全集初版。

《原教》:《中國哲學原論原教篇》,台北:台灣學生書局,1984 二版。

《意識》:《文化意識與道德理性》,台北:台灣學生書局,1986 全集校訂版。

《概論》:《哲學概論》,台北:台灣學生書局,1985 全集校訂版。

《心靈》:《生命存在與心靈境界》,台北:台灣學生書局,1988 全集校訂版。

《廷光》:《致廷光書》,台北:台灣學生書局,1984 再版。

《花果》:《說中華民族之花果飄零》,台北:三民書局,1989 六版。

第一章 導 論

　　百餘年來隨著西方衝擊帶來的文化危機，關於文化的研究、論爭可謂風起雲湧，至今仍絡繹不絕。可是隨著民族自信心的喪失，西化與實證化的歷程逐漸加深，中國的思想主流可以說是捲入激進化的頹波而一洩無底，此一思想主流要求我們和傳統徹底的決裂，所謂「中國之自覺」由稀薄轉爲荒謬。〔註1〕在這樣的背景下，當代新儒家毋寧是較特別的一支，他們深通西方文化和哲學而不是西化派，深通中國文化而不是一味守舊派，表面上是較保守的，但是其對應的、所思考的，確爲中國文化在面臨西洋衝擊時的調適發展之道。〔註2〕

　　唐君毅（1909～1978）先生是當代新儒家的重鎮，這是當今現代所公認的。〔註3〕他一生忠於文化理想，其論文化諸作，牟宗三（1909～1995）先生稱皆「弘大而闢，深閎而肆」、「充實而不可以已」、「其于宗也，可謂調適而上遂矣」，譽其爲「文化意識宇宙中之巨人」。〔註4〕不過，如同曾昭旭先生所

〔註1〕 參余英時，《猶記風吹水上鱗》（臺北：三民書局，1991），頁 238～240。沈清松，〈哲學在臺灣的發展（1949～1985）〉，《中國論壇》第二四一期。

〔註2〕 參龔鵬程，〈我看新儒家面對的處境與批評〉，收入龔鵬程，《近代思想史散論》（臺北：東大圖書公司，1989），頁 229。

〔註3〕 近來，「誰是／不是新儒家？」是一個爭論的問題，錢穆、馮友蘭、梁漱溟、方東美都引起相當的討論，參劉述先，〈對於當代新儒家的超越反省〉，收入劉述先，《當代中國哲學論——問題篇》（香港：八方出版公司，1996），頁 22～25、47～50。但不管是狹義或廣義新儒家，唐先生都屬其中。

〔註4〕 參牟宗三，〈悼念唐君毅先生〉，收入牟宗三，《道德的理想主義》（臺北：臺灣學生書局，1982），頁 263～268。

云：「如果就現實際遇來較論唐、牟兩先生，卻又令人覺得頗不均衡，有虧唐牟並稱之義。牟先生持論精采，弟子眾多，在學術界的份量日益增強，唐先生之學則似乎式微了。」〔註5〕到今天為止，專門研究唐先生思想的專著還不多，批評者也往往在未整全、深入的理解就輕率苛責，缺乏詮釋學上所謂的「同情的理解」。〔註6〕這對於在當代中國立志於「人文精神之重建」的唐君毅哲學都是不公平的，本文希望能起一正視唐先生文化哲學的作用，這個作用建立在對唐先生文化哲學的詮釋上，這個詮釋的線索本文由思想史的觀點，先由唐先生早年的立本明體工夫說起，以作為其文化觀的思想背景，進而論述其文化觀性格。

本文由唐先生早年的立本明體工夫說起，以作為理解其文化觀之性格的思想背景，再進而討論其文化觀。雖質疑徒以思想史的角度或者只從時代背景來考察即可解釋唐先生何以產生如此之文化觀，不過，唐先生論文化之意義畢竟是要放入此一思想史的視點才能凸顯出他的重要性的，因此，本文亦往往與百餘年來的思想氛圍相對照，藉以凸顯唐先生文化觀所面對的問題及其面目。

〔註5〕 參曾昭旭，《在說與不說之間》（臺北：漢光文化公司，1992），頁 127。

〔註6〕 此種現象以〈當代新儒家與現代化〉座談會為典範，《中國論壇》第一六九期，1982 年 10 月，其中以林毓生先生的言論為最粗糙，這個現象的相關批評參楊祖漢，〈關於林毓生氏對唐君毅先生的評論〉，《鵝湖月刊》第九十三期，1983.3。劉國強，〈誰是一廂情願的了解——對林毓生先生教授批評唐君毅先生的哲學之確定看法〉，《鵝湖月刊》第一〇四期，1984.2。

第二章 立人極以求人文化成天下
——論唐先生早年的立本工夫與其文化哲學性格

引言：以生命爲核心的文化關懷

　　唐君毅先生晚年說道：「我個人最關懷的，既不是純文學的研究，也不是中國哲學的研究，而是關乎社會文化問題的研究與討論。我以爲社會文化的問題，才是當今這個時代和未來時代最重要的問題」（《補編》上，頁 401）。文化問題乃是唐先生一生關懷的重心所在。

　　然而他在文化上的關懷和見解，並非如一般的社會科學、文化科學之研究文化，把文化當作一個客觀外在的對象來研究；而是環繞著生命此一核心而展開，是以主體哲學爲基調的，或者說是爲了成就「儒學的實踐」而有的。〔註1〕

　　唐先生認爲當代新儒家所以能一波既沉，一波再起者，此中也有一相續的願心，與大體一貫的學術思想與文化方向，「簡單說，此一方向，既是一自覺的求建立『人極』，以『求人文之化于天下』的方向。此亦即是中國文化的原始方向，也是世界其他不同文化不必自覺，而實不能外之方向。」（《補編》上，頁274）而這同時也即是唐先生論文化一貫的方向。此即是自覺的要「上承儒家之兼求明體與達用的精神，不甘心於只當一麻木不仁的新學究。」（《補

〔註1〕 唐先生說：「我原本可以不必花費時間寫一般性評講文化社會的文章，但是，埋首著述，固然可以成就一套體系，建立自我學問，這不過是『哲學的研究』。而我的理想卻要成就『儒學』的實踐。」（《補編》上，頁401～402）

編》上，頁 273）

何謂「立人極」？此簡單說級是要使人的生命成爲永恆悠久而普遍無所不在的無限生命，以成就生命的眞實存在，此即是所謂的內聖之學、成聖成德之學。所謂「立人極」以求「求人文之化于天下」，即是儒家傳統的「內聖外王」的文化方向——「外王」（此是擴大來說，不只限於政治，而是就廣泛的文化關懷、文化事業說）是環繞著「內聖」此一核心而展開的，一方面是人文由人格生，一方面是人格由人文生，是以人爲主而言文的。〔註2〕

如同曾昭旭先生所言唐先生的學問型態一開始注意到的便是人生本身，「這型態的學問，雖說以個人生命的體驗爲核心，但衍申出去，也可以包含對國家、社會、民族、人類的關懷。重要的乃是這些關懷，依然是環繞著生命著一核心而發，而不是純理性地討論世間事」。〔註3〕因此我們在談唐先生的文化關懷之前，便先由唐先生對生命的關懷——人如何立人極成爲一眞實具體的生命存在說起。而在儒家看來這是不能只自形軀起念的，人成爲眞實存在的根據乃是建基於心性之學上，唯有肯定人人皆有一無限的、至善的良知仁體，如實觀、如實知以起眞實行，人才可能成爲一無限的生命。因此，我們討論的焦點首先便放在唐先生對此仁體的建立上面來說。

第一節　心靈主體的建立

一、情理合一的眞經驗

在開始進行任何對唐先生思想的探索之前，我想先提一下他早年的幾個「眞經驗」，以作爲瞭解他的學問的起點。這些眞經驗雖尚不是自覺階段的產物，但對先生一生的思想卻有著重大的意義和影響。爲什麼呢？蓋唐先生自己說：「我時常說，年輕的時候，好些觀念是從性格裡面出來的。這裡面有很多眞經驗，眞經驗是思想學問的背景。有時候，你的思想學問未必與你的經驗配合，但思想學問的發展，彎來彎去的發展了，最後還是要與你的眞經驗

〔註 2〕　雖說唐先生繼承儒學傳統立人極以求人文之化于天下的文化方向，是爲了成就道德實踐而有文化關懷，但是唐先生並不認爲就內聖足以開出新外王，他同時是對此由內聖開外王的文化方向是有所繼承，也有所反省的。雖然道德是體、文化是用，但只從道德、心性來論文化仍有不足，關於此我們放在下一章文化的一本多元論中再論。

〔註 3〕　參曾昭旭，〈唐君毅先生與當代新儒學〉，《鵝湖月刊》一九四期，頁 20。

配合。我後來的許多思想，可以說是環繞自己的眞經驗。我思想中最高的那一部是環繞那些眞經驗。」（《補編》上，頁 386）

這些眞經驗，一個是他在七、八歲時，其父迪風公爲他講一小說，「謂地球一日將毀，日光漸淡，唯留一人與一犬相伴，即念之不忘；嘗見天雨地經日曬而裂，逐憂慮地球之將毀。」（《心靈》下，頁 466）〔註 4〕這帶給唐先生的影響是——世界會毀壞的想法常在他心中出現，使他開始追問是否存在一個不會毀壞的東西。後來，他的哲學中相信「此毀滅，固只限於使此世界之人類與生命之存在，然不能毀滅法界中一切生命的存在之自體。一切神聖境，自乃眞實常住，無所謂滅。」（《心靈》下，頁 454）這種法界中眞實常住的絕對自體之存在，乃是唐先生哲學的終極信念。而問題的起點則源自此經驗。

此外還有兩個經驗亦值一提。在他十七歲就學北平時，「一夜至當時之一大學廣場中，見演中山先生未逝前之一電影。時繁星滿天，吾忽念及此人間之志士仁人，如中山先生者之所爲，在此廣宇悠宙中，誠如滄海之一粟，然此志士仁人，必鞠躬盡瘁，以爲之，抑又何故？吾一面仰視蒼穹，一面回念人間，惻怛之情，即不能自己。覺吾之此情。若懸於霄壤，充塞宇宙，而無邊際。」又有一事，亦在他十七歲時，「吾父送吾至船上，同宿一宵。至凌晨，忽聞船上之機輪聲。吾父登岸，乃動離別之情。然吾之下一念，即忽然念及古往今來無數人間之父子兄弟夫婦，皆同有此離別之情，而生大感動。」（《心靈》下，頁 466～467）徐復觀先生曾下判語說唐先生是屬於「仁者型」的，而「仁者型」的生命正是傾於圓潤渾厚而主情。〔註 5〕這個情雖然發自主體，一方面固可說是主體的情感，但這主體的情感也可以一下子普遍化，由當下一念通往古往今來所有的人之所共有。「情的普遍化是理，理的具體化是情」（《補編》上，頁 387），這種即情即理德普遍的情感，它「若懸霄壤，充塞宇宙」，當是一種「超越普遍的宇宙情懷」，而不是世俗依於感官的情。〔註 6〕唐先生在他晚年的演講稿〈民國初年的學風與我學哲學的經過〉中提到：「我的

〔註 4〕 這些早年之「眞經驗」常見於唐先生自述其思想的文章。本文所引乃據《心靈》後序。然除此之外，復見於《重建》之〈我對哲學與宗教之抉擇〉與《補編》上之〈民國初年的學風與我學哲學的經過〉（亦收在《病裡》）。其重要性可見一斑。

〔註 5〕 參曾昭旭，〈唐君毅先生與當代心儒學〉，頁 19。徐復觀先生之判語見馬浮《爾雅臺答問》（臺北：廣文書局，1963），徐序〈如何讀馬浮先生的書〉。

〔註 6〕 同註 5。

哲學中，宇宙也好，人生也好，最後的東西是什麼？是一個又是情又是理的東西！」（《補編》上，頁387）這個最後、最根本的東西，是他經驗到的，而不是他推論出來的，換句話說，即是根於他早年又是情又是理的情理合一的眞經驗。

由於對一個永恆不滅的東西的追尋，和情理合一的普遍情感，常在唐先生的生命中躍動著，使他開始走上他的哲學之路。〔註7〕終至相信在生命中，實原有一個「眞誠惻怛的仁體」存在，以爲此種普遍情感動而愈出之源。因此他說：「吾以此仁體，雖只偶然昭露，然吾之爲哲學思辯，則自十餘歲以來，即歷盡種種曲折，以向此一物事之說明而趨，而亦非只滿足個人之理智興趣，而在自助、亦助人之共昭露此仁體以救世。」（《心靈》下，頁467）

這些「情理合一的經驗」，雖遠在唐先生自覺的建立他的中心觀念以前產生，然而基本上已決定了他一生思想的方向。同時這也暗示我們要有超越情理二分的範疇來看待唐先生思想的心理準備——在他思想中既積極承認有普遍的理性原則存在，卻也同樣重視具體特殊經驗的情況。

二、心靈主體之建立

雖然這種「情理合一的眞經驗」常在唐先生早慧的生命中躍動著，然在當時，他對這生命原有的眞誠惻怛的仁體，卻不一定是自覺的。而是經由後來穿梭於各大哲學系統間，歷盡曲曲折折的摸索，經過哲學思辨的發展與生活體驗的相貫通，這樣的一個學思的辯證歷程之後，才達到自覺的階段。因此，曾昭旭先生譬喻唐先生的學問爲「螞蟻式的」，他說：「唐先生寫書講學，其思路總是曲折的辯證的，其內容總是要在遍述百家諸相後，才歸結到儒家眞際的。像極了螞蟻的行進，總不是一直走向目標，總是要繞來繞去，最後才走到目標。」〔註8〕

我們進入唐先生的學思歷程來看，他雖歸宗儒家，然而早歲看科玄論戰的文章時，最反對的卻是玄學家的意志自由理論和直覺一類的話。不喜中國

〔註 7〕 唐先生說：「這一類的事情，在我年輕的時候，時時出現，這就成了後來學問的根本。……我思想就是要去說明這個東西，要說明這個東西就有很多麻煩。你怎麼去說明？用什麼理論去說明它呢？因爲有人承認這個，有人不承認；不承認，你要批評他，它可以再提出疑問，你要答覆它，這樣反反覆覆的去想，這樣子逼我走上哲學的路。其實開始時我並不是一定要學哲學。」（《補編》上，頁387）

〔註 8〕 參曾昭旭，〈唐君毅先生與當代新儒學〉，頁20。

哲學，而多在西洋哲學方面下工夫。〔註9〕受方東美、湯錫予諸先生的影響，他喜讀新實在論哲學，復轉至強調自然之創造進化的進化論哲學。後來因思及進化論哲學所指向的更高存在，亦不能不是人心靈之所知，他說：「此一超越於歷程之上之能思的心靈主體，必須加以肯定，否則對一切歷程之思維、知識與哲學，皆不可能。此一切歷程，可說有進化與變，然思此進化與變之心靈主體，應無所謂進化與變。」此思路形成後，乃轉至西方唯心論哲學，讀康德、菲希特、黑格爾至柏拉得來、鮑桑奎一傳統的書。〔註10〕

至此，唐先生初步理解的主體乃是一個「超越的心靈」——「超越於歷程之上之能思的心靈主體」。此理解乃是源自他由哲學的探索而來的超悟，特徵是純思的，偏重在以心之能思一切、有無窮的自覺能力來理解自性的無限。如果唐先生對心體的理解止於此，那麼他可能成為一個西方唯心論者，而未必是儒家。因為儒學傳統中所謂的主體並是不一個純思想的理性心靈，而是一個道德心靈、真誠惻怛的仁體。而且仁體的肯定與彰顯，「則必須通過懇切的致良知工夫才可能。所謂『自天子以至於庶人，一是皆以修身為本』，經過這樣即工夫即本體的當下逆覺工夫所肯定的良知，才是乾坤萬有之基」，〔註11〕而不只是由哲學探索而來的超悟。

不過，唐先生對心體的理解不止如此，他說：「你必須超越純知的階段，而到體會的階段，你不當僅由你之能無窮的自覺，而明了你自性之無限。」（《體驗》，頁142）而有再進一步的理解。為什麼有此進一步的理解呢？這應由他個人生活的煩惱和對宇宙人生的疑情說起。

唐先生在理解到人有此一超越的心靈主體，而遍讀客觀唯心論和絕對唯心論之書以後，一方面在學問上產生極度的自信；一方面在實際生活上，卻是常對自己毫無辦法，復覺世界一切如在霧中。〔註12〕蓋超越的理性心靈亦可對世界無所思，而捨棄世界，「若自世界撤退，即可自見其內具一無限的靈明，以入於永恆，超於生死。」這使他產生「位於此世界之邊緣」的生命情調和何以必須接受此世界之疑惑。在哲學上，他最欣賞菲希特和黑格爾之由純粹自我或純思中之理性出發，以演繹出此世界之存在的形上學。〔註13〕然

〔註 9〕參《重建》，頁 568；《補編》上，頁 389。
〔註10〕參《心靈》下，頁 470～473。
〔註11〕參曾昭旭，〈唐君毅先生與當代新儒學〉，頁 22。
〔註12〕參《年譜》，頁 45。
〔註13〕參《心靈》下，頁 475～476。

他在實際生活上產生的消極悲涼之感和對人生的疑情仍沒有完全消解，以觀人生，「我之一生，亦絕對孤獨寂寞之一生也。」（《體驗》，頁 33）以觀宇宙，亦「覺宇宙若一充塞無盡之冷酷與荒涼之宇宙。」（《體驗》，頁 36）

為了解救他生活上的種種煩惱和對宇宙人生的疑情，於是他在人生道德問題上有所用心，開始懇切的面對自家生命，實地做工夫。他自云其《人生之體驗》、《道德自我之建立》諸作，乃是「在自己對自己失去主宰力時，便把我由純粹的思辨中，所了解的一些道理，與偶然所悟會到的一些意願，自靈臺中拖出來，寫成文字，為的使我再看時，它們可更沉入內在之自我，使我精神更能向上，自過失煩惱中解救。一部不能解救我，便寫第二部。」（《體驗》，頁 10）由此而產生的學問便超越了純知的階段，而與生活體驗相貫通。在這出於對生命存在的關懷而思有以加以拯救的過程中，乃對「『人生之精神活動，自向上超越』一義，及『道德生活純為自覺的依理而行』一義，有較真切之會悟」，而由道德實踐的進路以知「人之有其內在而復超越的心之本體或道德自我」。（《價值》，自序，頁 5）

同時，他反省到對人生宇宙的悲情乃源自對人生宇宙之愛，「吾緣何而悲？以吾之愛也，吾愛吾親愛之人，吾望人與人間，皆相知而無間，同情而不隔，永愛而長存……，吾於是有此悲。悲緣於此愛，愛超乎此悲，此愛也，何愛也？對愛本身之愛也，無盡之愛也，遍及人我、彌綸宇宙之愛也。」（《體驗》，頁 40）而由理之無不通，過渡到情之無不感以理解心體，「我同時發現我心體，並非只是靈明之智慧，我心之大覺之本，不在理之無不通，而在情之無不感。」（《體驗》，頁 229）認為「只有由這惻惻然有所感之不忍，所依之至仁至柔之心，這才是我應當培養之、充拓之的，只有由如此之培養與充拓，我才能真識得我心之仁，我心之體，如果我莫有此惻惻然之心，我的心之靈明，得什麼？他將會墮入枯寂。」（《體驗》，頁 230）「我慚愧，我只在我的玄思中過活，我不曾作一件於社會有益的事……我原來仍在光明的混沌中，我現在要肯定我自己，我得再衝破此混沌，我要重到人寰，我要去做我應作的事。」（《體驗》，頁 234）由此再翻過一層，由超越塵寰的玄思重返人間，而知心靈主體乃通體是「仁」。

至此完成了一個辯證的發展，唐先生一生學問所依托之仁體，在早年曾在不同機緣下一再顯現，然在當時並未了解到的，至此才達到自覺的階段。同時，他亦認為西方理性主義理想主義有所不足，蓋其「皆尚未能真順此惻

恒之情而思，以情理之如如不二，爲其思想之歸止，以成其內心之信，再充內形外，以成盛德大業」(《心靈》下，頁 496)，而知中國之儒家有其所不能及之處。至此而歸儒家，終生未動搖。正是「三十年來尋劍客，幾回葉落又抽枝。自從一見桃花後，直到如今更莫疑。」此後唐先生的思想不再有方向上的改變，只有深度和廣度的開展而已。

值得一提的是，由於唐先生歸宗儒家的途徑，近於他在〈孔子與人格世界〉中所云：「現代人眞能翻過西方之柏拉圖、亞里士多德、康德、黑格爾之龐大系統，亦將眞知孔子與宋明思想之偉大。」(《重建》，頁 216) 乃是如李杜先生所說：「由對唯心論對心靈的探討的了解，而得以反證他原初對人的心靈的體認。」〔註 14〕這使得他的主體哲學，除了繼承傳統儒學的思想外，亦同時吸納了西方唯心論的思想以爲其內容，而帶有西方唯心論（尤其是黑格爾）的色彩。

三、如何說明心靈主體之存在

如前所述，唐先生經歷了不少哲學思辨的和生活體驗的反省和奮鬥，在三十歲左右建立他心靈主體的信仰，以眞誠惻怛的仁體爲宇宙人生的根本眞實。不過，也正因爲此仁體是唐先生一生學問的大本大原，因此，便出現了一個重要的問題，即唐先生如何去說明它的存在？

中國儒者一向都是通過道德實踐來肯認本心或天道的實在，而不重視從知識論、形上學的立場來加以說明。但是現在是西方文化當令的世界，西方哲學自希臘米利都學派（The Milesian School）開始，即著重從知識的立場考察世界的最根本眞實的問題。因此，儒家的智慧與貢獻要爲現代人所普遍認識，也得從知識論形上學上作系統架構的建立。〔註 15〕唐先生作爲當代新儒家，想要自助盼人共昭此仁體以救世，便須建立一種中國哲學和西洋哲學對話的共同話語，這使他用了不少篇幅來作知識進路的說明。〔註 16〕

由於心體具有超越性和空靈性，唐先生常說這個超越的主體不可描述、不可形容，〔註 17〕要在知識面上說明它就不是一件易事。因爲「心體不可見」

〔註 14〕 參李杜，《唐君毅先生的哲學》（臺北：學生書局，1989），頁 12。

〔註 15〕 參劉國強，〈唐君毅先生之實在觀〉，《鵝湖月刊》一三七期，頁 13。

〔註 16〕 此處的資料主要根據《自我》、《心物》二書，不過，爲了使唐先生對心體的說明呈現較完整的面目，我們亦部分採用《心靈》中的說法作爲資料。

〔註 17〕 參陳特，〈唐君毅先生的文化哲學與泛道德主義〉，臺北當代新儒學國際研討

（《自我》，頁 103），因此，唐先生關於心體的論述，即未嘗孤立而論其自身為何物。

「心體不可見，但心之用可以說，主要是他的思想。」（《自我》，頁 103）唐先生首先便由用來說體，說心之能思想或者說是能自覺來說心在。唐先生便從說明「自覺」之存在著手，他同意我們的確不能單獨反省出自覺的存在，但他認為這卻並不足以證明自覺之不存在。因為，這是由於自覺的能力，是滲貫於一切心理活動中，所以我們不能單獨反省出自覺能力之存在，猶如空間遍在於一切物體中，所以我們不能單獨的感覺空間的存在。我們雖不能單獨感覺空間，但我們可以自物體中感覺空間，或通過空間以感覺事物，可以由反省而知有空間。同樣的，我們也可以自一切心理活動之為我們所自覺，反省出我們有自覺能力。〔註18〕在此，唐先生用了一個反證法來說明「自覺」之存在，他說「你不能說你不曾經驗過自覺，你沒有自覺的能力。因為你說你莫有自覺的能力，你已自覺『你莫有自覺的能力』，你已在自覺你自己了。」（《心物》，頁 90）由反證法說明「自覺」之存在，再進一步由「自覺」之存在，說明心靈本體之存在，「你的心，你雖不能由感官之感覺來知其實在，但是你可以由自覺由反省，而知其實在。」（《心物》，頁 166）「心之活動本身即是『自覺』。」（《心物》，頁 90）「你能自覺能反省，即證明你有心，心之本質即見於自覺或反省。」（《心物》，頁 167）

以上我們對心體存在的說明，乃是就心之能自覺、能思說明心體之存在。然而如果我們沒有忘記前面提到的唐先生所悟得的心性之全，乃是情理如如不二的真誠惻怛之仁體，那麼，我們可以發現前所云乃偏重在探討唐先生之如何由「理」的一面來肯認心靈之存在，而略過自「情」的一面來探討。如果我們的探討至此為止，那麼將是很有缺陷的，因為在知識的立場上，我們至多只肯認了我們有一具有超越性的能思之體，而不能證明我們有一真誠惻怛的仁體。對於此問題，在唐先生的思想中找到的回答是，除了自「我自覺」、「我思想」以說明「我在」、「心在」之外，尚可自「我感」、「我不忍」、「我要求」以肯定「我在」、「心在」。〔註19〕

以「我感」、「我不忍」、「我要求」作為肯定心靈存在的起點，那麼，首

會論文，民國 79 年，頁 512。
〔註18〕 參《心物》，頁 91。
〔註19〕 參《自我》，頁 31。

先我們要面對的問題是我如何肯定「我感」、「我不忍」、「我要求」而不能否定其存在？為了使其起點具有合法性，因此唐先生自懷疑現實世界之虛幻與不仁出發，以逼出我對現實世界之虛幻、殘忍不仁、及不完滿之本身，有一種不滿，以證明「我感」、「我不忍」、「我要求」之確實存在。〔註20〕再循笛卡兒由我思以證「我」在、「心」在之思路，「由我不忍見此世界之不仁與虛幻，以證有要求仁與真實之『我』在、『心』在。」（《自我》，頁 31）如此唐先生所肯定的心靈即不只是一理智的心靈，同時亦是一道德的心靈，除了理之無不通，還有情之無不感。

這種由心之「自覺」或「不忍」、「要求」來肯定心靈本體存在的方式，基本上是一種由用證體的方式。這種說明的方式有一困難，即它會遇到一個駁論，一如笛卡兒之著名的論證——「我思故我在」，所遇到的駁論一樣，人可以質疑「我思」，只能證明「思」的作用存在，不能證明「我」的存在，同樣的，人也可以爭論說這只證明自覺的作用存在或不忍、要求的作用存在，並不能證明有一心靈本體或本心之存在，這一駁論不是沒有理由的，心靈本體是不能被邏輯地證明的。〔註21〕問題是不能「邏輯地證明」它存在，是否就等於它不存在？或許它只是不存在於這種邏輯證明的方式中而已。正如洛提（Humphrey Lyttleton）雖然強調「任何非正常的話語通常都要依托或寄生在正常話語之上的。」但他同時也強調：「他何以用當代分析哲學的語言探討超越分析哲學的問題，只是一個個人經歷的問題，他並不排斥我們可以根據其他哲學語言或智思方式來處理同樣的問題。」〔註22〕要建立和西方哲學對話之正常或共同語言本來就不是限於概念分析、語言分析及邏輯分析，只是在這分析哲學當令的時代，往往易使我們自限於此。

事實上，唐先生對心靈本體不能被邏輯地證明是很自覺的，他不認為由用可以邏輯地證明體的存在，他並不認為「只透過一用之顯，或伸進之用，即可順用見體。要說順用見體，必先知有體，方可順用見體。若人未知有體，則以用觀體，可不見體，而只見用。」（《心靈》下，頁328）這須從體用的關係上說，體超越於用，「此主體自為其用之原、用之本，此用只為其末其流。吾人即不可顛倒本末，混雜泉流，以用中事說此主體。」（《心靈》下，頁328）

〔註20〕參《自我》，頁 101。
〔註21〕參〈唐君毅先生之實在觀〉，頁 15。
〔註22〕洛提語引自馮耀明，〈哲學的現代性與中國哲學的未來〉，《中國論壇》第三三六期，頁 58。

不可以直接「順用見體」，那麼為什麼前面又可以由用、由我們之有自覺、有感、有要求、有不忍來說明心體之存在呢？蓋唐先生認為雖有超越於用一義，但只說此超越意儀仍不足，因為「此主體雖有超越任何活動之超越意義，而實無超越一切活動之超越意義。因其不能全無一切活動故。若其全無一切活動，則亦不能本一活動，以超越一活動，而亦無超越活動之超越意義可說矣。」（《心靈》下，頁 329）因此，在另一面說「此主體必不能離用。此所謂主體不能離用，非說其不能離任一特定之用，只是不能離一切用。」（《心靈》下，頁 329）除了說主體超越於用一義外，另外也要說主體內在於用。因為心靈主體超越於用，所以我們不能直接順用見體，但心體復內在於心用，因此我們又可以即用來說體。

如何即用說體呢？唐先生認為「簡言之，即在吾人之見此主體之活動與活動之相，乃動而愈出，相續不窮者。由此相續不窮，即見其泉原之不息，根本之常在。此泉原根本，即以喻此主體。何以由此活動相續不窮，即知此活動之有一主體之在？此非由此活動之相續不窮，即可直接推論此主體之在。而是人於直感其活動相續不窮之時，即同時直感一超越於其先所感之一切已有活動以外，尚有一由無而出之活動。人即於此活動由無而出之際，或由無至有之幾上，感此活動出於吾人心靈或生命存在之主體，而為一不同於一切已有之活動，以只為此主體之所知者。」（《心靈》下，頁 322）即是由心之用的相續不窮以直感必有超越於其上的心體之存在。而正因此論證不能「直接推論」出心體之存在，需有一「直感」來加以體會，可以說在正面的說明心靈本體的論證上，這並不是一個十分圓滿的證明，人仍然可質疑此直感之義。因此，唐先生續云「人若對此直感之義而有疑，而必欲求此主體存在之論證，即初只能是一反證。即人若謂無此主體，為此相續之活動之所自出；則已有之活動是多少，即是多少，不應更增，亦不應更相續生起。今既有增，有相續生起，即證無此主體之說之非。無此主體之說既非，則有此主體之說即是。至少有此主體之說，不可非；即至少人之直感其心靈生命存在為一主體之感不可非。今即在此主體之說不可非之義下，吾人已可說有此生命存在或心靈之主體矣。」（《心靈》下，頁 322）從反面來否認我們之能否認此主體之存在，由其動而愈出，以逼迫我們必不能否認有此一覺源之存在，以作為直感說的輔助說明。

最後要說的是唐先生雖在知識層面上對心體之存在作了論證，然而他同

時認爲這是不足的。因爲，在中國儒家看來，「要呈現本心或天道，本來不是一個知識的問題，而是一個工夫、修養與實踐的問題。單從知識的立場爭辯有否本心或天道之存在，嚴格說是局限性的。」〔註23〕因此，唐先生說這套思想雖然「對於我內心生活加以充實的貢獻，使我感激哲學，我希望常常保存這一套思想。」（《自我》，頁 111）然而「從思想上相信它存在，仍然不免只是依于理論的逼迫，使我相信它存在。我不能眞全自覺它，與它冥合無間，眞超越我之現實的自我而投入於它，成爲與它無任何對待之存在。」（《自我》，頁 112）因此，尙不能說眞正證悟到心之本體。

正如根貝爾（C. A. Campbell）在 1951 年發表的〈自由意志是否是一個假問題〉中所認爲的，要了解或發現自由的創造性的自我，不能用外在的觀察者的觀點。原因是用外在觀察者的觀點來看事物，只能看到事物如何發生，但看不到創造性的活動，要發現這種創造性的活動，唯一的方式是內在的直接參與，也即是內省的實驗。〔註24〕同樣的，要證悟心之本體也唯有由此內在的直接參與去說。因此，儘管唐先生致力於由知識上肯定心體存在，以回應時代的要求，不過，他仍然要說我們要眞了悟我們的超越的自我或心之本體，「只能訴之於你冥會的直覺，與由實踐而得的開悟。它們是比一切的語言所能達到的，更無窮的深遠。」（《自我》，頁 92）這乃是儒者的共有義。

第二節　世界之肯定到文化的關懷

一、心靈之發展與世界之肯定

在建立心靈主體的信仰的歷程中，我們眞要證明自性之無限、心靈是世界的主宰，唐先生認爲我們「不能只自信你是世界之主宰，你之自性具藏著無限；你當實證你是世界之主宰，你自性之無限。」（《體驗》，頁 141）因爲我們雖看到此生起理想之泉源之不息，而知此泉源存在，不過「人尙可以此泉源，乃由內反省所見，以之爲只屬於人之主觀。」（《心靈》下，頁 490）因此，我們除了由縱的活動方向，看心體在自己內部不斷的由上發展外，還要增加一個橫的活動方向，「由此理想之前伸一面，看其如何超越的涵蓋於所知之現實事物之上之客觀意義」（《心靈》下，頁 490）。在精神世界，乃至在生

〔註23〕參劉國強，〈唐君毅先生之實在觀〉，頁 13。
〔註24〕參陳特，〈唐君毅先生的文化哲學與泛道德主義〉，頁 510。

命世界、物質世界中看心靈之發展，經過此心靈的翻山越嶺，以確立心靈之爲宇宙人生之主宰，以知其客觀普遍的存在意義。

首先，他以爲我們必須跳出只從自覺中看世界的辦法，而自世界本身看世界。自世界本身來看世界，那麼人只是萬物之一。因此，我們必須承認自己的有限，並重新肯定世界之客觀存在，再以無限的行爲活動，去破除有限的自己，以通貫內外的世界、內在化此客觀外在的世界。〔註25〕

在這欲通貫內外世界以證明自性無限的過程中，我們最先感到的是他心與我心之對待，他人的動作我們不能預料，意志我們不能測定，我們必須克服之，把自己聯貫於他心，化個體心主觀心成普遍心客觀心，然後有限的心，才能漸進於無限。首先我必須與他人相了解，互映心光，這是比自覺更高的階段，不過，此尚不算真合一，而必須再由了解發展到愛，愛人時，人我心真結合爲一，此時我心之自身擴大了。普通的愛克服了人我的距離，然可把他人當作自己而私有之，並不是真的擴大自己，因此必再發展爲包含敬的愛，重新建立一人我距離，以他人人格爲你敬愛的對象，而成爲一更高的愛。當我們感到在實際接觸的人中，有比你高的人格來吸引你向上時，我們才體驗了人類向上精神的可貴，而感到此精神本身是一真實不虛的存在。此時，我將開始知道同一切人的向上精神聯接，而了解人類向上精神所創造之一切已成文化產物的可貴、而致其讚歎。不過，此尚不是心之發展的最高階段，我們還必須具備進一步的心境，發思古之幽情，生活於歷史世界中、在今古隔絕之感上，建立今古統一之感，而超越現在至過去。乃至了解時間之長流永無終極，我們的心離開現在與過去，而投射向未來、超越一切已成人格文化本身，而注目在純粹人格之出現與文化創造之可能上，寄與一種無窮的希望讚歎，這時我們的心靈又發展至更高的階段。而當我們的心順著人類精神創造的歷史、文化之長流，去認識由過去到未來的人類精神時，我們看到此長流中，舊波滲融新波，新波又滲融於後波，永求充實豐富，而同屬一流，於是我們了解到人類全體文化創造，可說作一具體整個的客觀精神，在繼續不斷的表現他自己，他是永遠自強不息的存在、一切偉大的文化人格的偉大之原。於是我們將對此客觀精神本身有一種更高的讚歎，至此我心真正與人類精神全體合一了。

不過，我們心靈開闢的過程，不能只與人類精神合一，我們還必須認識

〔註25〕參《體驗》，頁143。

生物的世界乃至物質的世界，寄精神於其中，以發現其對精神的意義。此時，我們的心開始籠罩宇宙全境、物質生命精神，在心中同時存在，而且我們將進一步發現宇宙之一切存在，原是一互相滲透、轉變配合的一和諧之全體。當我們有如此思想時，我們心中的宇宙各部，自己互相貫通了，而人就是這各部貫通的宇宙的中心。人和宇宙的關係乃成為一種「互相環抱的關係」，人一方面以其身體為精神之表現。而成萬物之一，另一方面又是宇宙的中心，其精神又包羅宇宙。可以說宇宙即吾心，吾心即宇宙，「宇宙唯心」。〔註26〕

在以上這經由心靈之不斷的開闢以通貫內外世界的活動中，一方面就內在世界而言，唐先生認為經由此過程，我們可以證明自性之無限。就外在世界言，不管人類的世界，或生命、物質的世界，都充滿了精神的意義。由此而「展示於我之世界，乃逐漸為一形上之真實完美之價值自體之光輝所彌綸。」（《續編》，頁135）

唐先生這種由心靈之發展來肯定自性之無限的方式，很容易使我們想起黑格爾。黑格爾採取描述的方法——由對正在呈現為現象之知識的描述著手，以完成他所謂的「絕對認知」——對於實在的真正認知，而不從對認知能力的批判著手。而近代哲學中一般的知識論皆要求要先對知識能力進行批判，以為知識取得確定性的基礎，由於不同的哲學取向，使得唐先生之學常受到批評，如墨子可之云：「唐氏之書既不受歡迎，在哲學上也不嚴格。他論證：人憑道德體驗，便識知太極或宇宙的本體實在。唐氏掃除康德對此種知識的可能性之懷疑，而未系統地展示如何擺脫此等懷疑。這工作留給牟宗三先生，他在1969年撰成《智的直覺與中國哲學》，評察康德的論證，維護新儒學的假定：智的直覺是可能的。」〔註27〕牟先生直接面對康德的懷疑以維護儒學，其貢獻自然有目共睹。不過，唐先生以其儒者的立場雖肯定人要真證悟本體必須靠道德體驗，然就其哲學說他亦做了知識進路的說明，如前所云。其實唐先生本人並不忽視知識論，相反的他認「今之存在主義之忽此知識論之反省與訓練，即不可為訓。」，不過，他同時以為要由知識論的反省與訓練，到知其邊際、限制，人理想界的事物、乃自能形成知識的理性與有此理性的心靈，「皆在知識世界以外，亦在所知之現實事物之世界以外」，不過，

〔註26〕以上兩段所引述之唐先生之意，參《體驗》，頁144～160、170。另參《廷光》，頁153。

〔註27〕參王煜，〈評墨子可著「逃避難局：新儒家與中國演進中的政治文化」〉，《保守主義》（臺北：時報文化公司，1985），頁409。

它們「不須在人之心靈與生命存在，與其活動所及與活動方向之外。」(《心靈》下，頁489) 以《人生之體驗》諸作來說，唐先生之「未系統的展示如何擺脫此等懷疑」，而直接進入心靈之發展來肯定本體的思路，亦非無理可說。我們可以試著經由黑格爾的說法來為唐先生的思路進一解，黑格爾以為「康德說：在我們從事該項工作之前，我們應該先認識將用來工作的工具（譯按：指知識），因為如果工具不完全，我們的辛苦都將白費。……但考察知識只能憑藉認知活動來施行。考察這所謂的工具，實際上也就是去認知它，但在尚未認知之前設法去認知，豈不是跟斯卡拉斯提可斯的解決法——在他學會游泳之前，不要冒險下水——同其荒唐？」〔註28〕在黑格爾的看法中，近代哲學的這種態度，反而顯出他們是「害怕真理」，是有某些不必要的「擔心」，他們之所以不信任那種「完全沒有這種擔心，而直接開始工作，並實際進行認識的科學。」固然是由於「害怕錯誤」，但更為根本的，卻是由於他們將認知劃分於絕對者之外的看法，這無異是自外於真理，在此才會有擔心認知的實在性，在這種意義下，黑格爾說他們的害怕錯誤，即是「害怕真理」，並認為，若以此做為哲學的起點，一開始就荒謬的背離了哲學的目的。因此，他認為研究知識之唯一可能路徑，是從內考察意識，這路徑就是心靈（按：或譯精神）現象學。我們不應由那些複雜精巧的懷疑著手，而應由意識之一個簡單形式著手。〔註29〕我們可以由此來理解唐先生為何直接進入心靈的發展中來說我們可以證明我們之有一無限的心靈本體。

二、對現實世界之有限與無明問題的思考

然而，在此通貫內外世界以建立信仰、肯定世界的途中，另一個問題，卻擾亂了唐先生的心，那就是——如果心體是真實恒常、無限的清明廣大，何以現實世界，包括我的物質身體和認識思想能力卻不是如此？如果心體真是世界的主宰，那麼又何以現實世界會充滿痛苦、錯誤與罪惡？「心之本體是不滅，何以我所認識的現實世界中之事物有生亦有滅？何以我們認識的心理活動之範圍中，一時只能有極少的事物？我的心實際上之認識能力、思想能力之清明廣大之度之有限，可說是由於其他的遮蔽。但是他本身既本是無限清明廣大，如何會因遮蔽，而使其表限受限制？他既是至善完滿，如何我

〔註28〕參李日章譯、Peter Singer 著，《黑格爾》(臺北：聯經出版公司，1984)，頁60。

〔註29〕李日章譯，《黑格爾》，頁60～61。

人又可犯罪惡？如何我人又會因感缺憾而苦痛？」（《自我》，頁 112）我們在論世界之肯定時，乃是順著性情的願望來看，而唯見一絕對眞實普照河山，然當不再順著性情的願望而往，而連著所對的現實事物，還顧此不合理的世界，那麼我們所見將唯是一聖凡相對的世界，這些疑問便是我們所必然會產生的了。〔註 30〕這些問題如果不解決，那麼人將不免對現實世界、現實自我感到驚惑、悲觀，甚至會動搖到對心靈本體的信仰。

對於因這些問題而產生的對心體的懷疑與對世界的悲觀，唐先生由兩方面來解決，一是認識上的，一是實踐上的。他認爲：「我們對於世界之悲觀，最先由於我對世界的認識之錯誤，其次由我對世界之苦錯惡，未繼續不斷的否定他的工作，要解除我的悲觀，便必須改造我在世界中之行爲。我把我在世界之行爲改造時，我的世界觀，也就改造。」（《自我》，頁 135）我們先從認識上來討論他的看法。

在對世界的認識上，他不似康德之相信他所謂的「神聖境界」在塵世中不可能，而輕易避開二者之間的鴻溝。而較傾向於黑格爾之視現實世界和可能世界的一切爲精神的表現，以統一精神的「徹底的自由」和「表現的圓滿」二者。〔註 31〕因此，唐先生除了如我們前所說的，由正面去體會人類世界乃自生命、物質世界的精神意義外；對於有限的、反面的我和宇宙，他則是透過「無限必表現爲有限」和「不經反面不能自覺」等說來解釋。

（一）無限必表現為有限〔註 32〕

唐先生認爲心之本體「就它本身說它是積極的無限，而在另一方面就它表現說，它只是不斷的克服破除限，只具消極的無極。」（《自我》，頁 120）他以爲無限是以「破除限」爲它之本性，以破除限爲它之內容，破除限，即所以界定它之爲它者。它之無限，即在它有破除的「能」，若無此「能」便非無限，然若無「所破除之限」，那麼它亦無法顯此「能」，要「有限」可破，所以要有有限。有限可以說徹頭徹尾是無限的一個表現，無限爲了呈顯它是什麼，於是設定有限。也可以說有限是無限的存在條件，我們不能要求它作積極的無限的表現，因爲如此「即等於要求它不在限中活動，即無『限』可

〔註 30〕 參《心靈》下，頁 502～503。
〔註 31〕 參徐文瑞譯、Charles Taylor 著，《黑格爾與現代社會》（臺北：聯經出版公司，1990），頁 7～8、10。
〔註 32〕 此語參《自我》，頁 161。

破；亦便非無限，它亦不成其爲無限，它亦不復存在。我們這樣去想它存在，等於取消它的存在。」所以無限必須有有限與之相對。它是一切限的本體，它內在於一切限，一切限均要求自破除限而內在於它；然而它又不是此限。因爲它要破除此限，超越一切限。因此，我們亦不能由說它之表現是有限，而懷疑它本身之無限。〔註33〕

由於有限是無限的存在條件，心體的解放與呈露便有一原始的形式上的限制，只能在一定的方式路數中解放呈露，唐先生由此以解釋心體本身既是無限，它何以必偏要聯繫於現實的有限者——如有限的現實生命之存在，有限的身體及各種有限的現實生命之活動，與有限的所有物等等。

那麼又爲何有苦痛、錯誤、罪惡呢？唐先生認爲苦錯惡的存在根據不只在身體的有限上，而在我們把有限的身體當無限用。〔註34〕他說：「這是心之本體似乎離開他的本位的無限，陷在有限的身體中，要挾帶身體，以表現他的無限，於是苦痛錯誤罪惡產生了。」（《自我》，頁 129）這種有限無限的糾結是由前所云的無限必表現爲有限而來，因爲這個超越的無限者，須表現在現實的有限者之中，一方面它要超離此有限者，一方面又易爲此現實之有限者所牽連，而欲直接化此有限者爲無限者，以求自見其自己之倒影於其中，初不知其唯是一虛妄。〔註35〕因爲無限的心體在表現爲現實的有限時所產生的顛倒，而有種種苦錯惡的顛倒相。然而有此顛倒相並不能證明心體之自性即是苦錯惡，並不能說心體眞離開它本位之無限，而陷落在身體的限制中，因爲「他由陷於身體的限制而遇苦時，但同時以有苦爲苦，即苦『苦』。」「人皆知苦苦、非非、惡惡，而求樂、眞、善，這正證明心之本體，永遠是能夠獨立自主，而表現其自性之無限的。」（《自我》，頁 129～130）

問題是——如果心之本體之自性唯是眞善樂，那麼它何以不直接表現爲眞善樂，而必須表現爲苦錯惡，然後再來超化否定他們，以表現它自己？

（二）不經反面不能自覺〔註36〕

正如黑格爾之認爲「活的實體……當它是自我設定的運動（Bewegung des Sichselbstsetzen）時，或者，當它是自我與自我發展爲非自我者的中介

〔註33〕 參《自我》，頁 118～120。

〔註34〕 唐先生以罪惡不只原自有限性，而在欲化有限爲無限，此說乃受席勒之影響。（參《自我》，頁 32～33）

〔註35〕 參《續編》，頁 140。

〔註36〕 此語參《意識》，頁 44。

（Vermittlung des Sichanderswerdens mit sich selbst）時，它才是主體。」（《精神現象學：序言》）即「精神」不能夠「直接地」存在，唯有克服它的對立者，它才能存在；唯有否定自己的否定，它才能存在。〔註37〕唐先生亦同樣認爲：「正面之所以是正面，即在他之反反面。正必有反可反，而後成其爲正，所以正不離反。正不離反，不是因反中有正，是因反中無正，所以反反乃顯正。反與正必同時存在，他們是相對。」（《自我》，頁 131）這和前面提到的無限必表現爲有限的思路一樣，有限是無限的存在條件，無限必有限可破，然後成其爲無限，同樣的，亦可說反面是正面的存在條件，正面必有反面可反，而後成其爲正面。眞善樂之所以爲眞善樂即在於它之惡惡、非錯、苦苦。〔註38〕

　　不過，雖然正不離反，心體雖一方平等的表現出眞善樂與苦惡錯，然而只有眞善樂是心體自性的表現，因爲「苦惡錯只能在眞善樂之超化否定之勢子下存在，苦惡錯必需被超化否定，而失其與眞善樂相對之資格，而只留下眞善樂之絕對。」（《自我》，頁 131）

　　由以上對有限和無限、正面和反面關係的理解，再來看現實世界不斷產生的苦惡錯，唐先生認爲其不能去除淨盡並不能使我們悲觀，因爲「只要我們相信心之本體之存在，則他們之存在，即眞善樂之表現之前導，他們之永遠不能去除淨盡，即所以使眞善樂得有永遠之表現者。」（《自我》，頁 133）

三、文化的關懷

　　由以上對世界之有限與無明問題的討論中，我們可以看出他頗受黑格爾的影響。不過，要進一步說明的是，這並不是他全面的見解。

　　唐先生同時又認爲這些反面的東西（尤其是罪惡），「不完全可以就形而上的哲學理想講，哲學理想上講這個不成問題，但要配上現實的事實。」（《補編》

〔註37〕 參徐文瑞譯，《黑格爾與現代社會》，頁 70。
〔註38〕 必須說明的是唐先生並沒有像黑格爾那麼堅決的認爲「精神」不能夠「直接地」存在，他同時以爲「但是形上的精神實在，並不鼓勵人縱欲犯罪，來間接實現善。因爲凡是可以走間接的路，以實現的善，都可用一直求精神上升的辦法實現。凡走間接的路者，都是失去了正當的路。」（《自我》，頁 159）唐先生此乃是著眼於要解釋何以有反面，而爲了要保持精神表現上的圓滿一貫，而使他的說法呈現黑格爾辯證法之強調中介原理的色彩。不過，就他整個哲學來說，他並不是完全同意辯證法之肯定反面之絕對必要的態度，而認爲他自己的哲學方法不是辯證法，而是「超越的反省法」，可以走直接的路以求精神上升之道。（關於此可參《概論》上，頁 191～206）

上，頁 390）當我們離開形而上的哲學理想，乃至對心靈本體的信仰時，「世界一切悲劇，依然在我們的眼前。一切有限不完全，錯誤罪惡並不曾化除，並不在上升。」（《體驗》，頁 168）當我們專注於現實，這一切的苦惡錯仍是一頑梗的經驗事實。〔註39〕因此，這一切我們必須如其爲罪惡而正視之，而不能只居於事後的地位，視這一切爲「一通過悲劇而成之喜劇」（《心靈》下，頁 499），如黑格爾之所爲。在唐先生看來，「我們並不會因爲罪惡在究極的意義必自否定，而任它自己否定。因爲所謂罪惡之自己否定，即是感罪惡存在而不安的人心去否定它。如果無對之不安之心去否定它，亦無所謂罪惡之自己否定。」（《自我》，頁 171）而認爲在此必須引進一「實踐」的力量，以最偉大嚴肅的道德努力，來拯救人之一切錯誤，化除人間一切有限與不完全。

所以唐先生的思想中，一方面相信有一絕對眞實瀰綸世界、普照河山，認爲由此對世界的絕對觀（即一切皆是精神的表現，世界的本性唯是眞善美）可以產生一絕對的信心，以作爲行事的助力，一方面又認爲此信心不能長安住於絕對眞實，而必須「重返人寰」，此絕對眞實「則又只在此憤悱惻怛的性情與由之而有之去不合理而求合理之行事中，忐忑昭露。」，因此，除了要有對「神」的信仰，還要有以人代「神」的工作。〔註40〕

唐先生在《道德自我之建立》與《人生之體驗》中的結論，便同是歸於我們當努力去否定現實人類世界所見之一切罪惡與不完全，而實現我們理想的人類社會，使一切人都能眞實的努力完成其人格，其人類社會成爲一一人格互相了解欣賞而表現眞善美之人格世界。〔註41〕對於現實社會和我們之理想間的差距，我們不能空著急，而「當求一如何達到理想的世界之方術，這就是我們當從事的各種應有的文化政教活動。因爲一切應有的文化政教之活動，都是提高人的精神，而使人充實其人格內容，同時亦幫助其完成人格者。所以我們最後歸到應有的文化政教之促進之工作。」（《自我》，頁 172）以幫助他人完成人格，達到我們理想的世界；而作一切完成他人人格的事，即是

〔註39〕 由於在現實上罪惡始終是一頑梗的經驗事實，因此，唐先生雖認爲他在哲學上已經解決反面的問題了，但到其晚年仍一再的在想這些問題，認爲「在現實世界還有未解決的，就是罪惡的問題。罪惡的問題還要重新再想。」，「要把罪惡的東西認明白，才能夠超出罪惡，祇是認明白善還不行。」（《補編》上，頁 390）
〔註40〕 參《心靈》下，頁 504。
〔註41〕 參《自我》，頁 171～172；《體驗》，頁 169、232～233。

所以完成我的人格者。

　　心靈的本性,「原為四門洞達,以容他人與他物之出入往來,而原能對其疾痛憂患,無不感者。」,它「永不能只置之於其所劃之界線內。此己必為自居界限之上以兼關懷內外之人己,而求其兼成者。……此不特聖賢惟然,吾人心靈之本性,一朝昭露,亦無時而不然也。而當其如此如此其然也,則人之見他人之飢寒、憂患、愚昧,與不德,人亦將直感其心靈之本性之有所不伸,其自己之存在之有所缺漏,而有虛幻不實之感焉。由此而我欲求我之人生之真實化,即於理於勢,皆不能不求成己兼成物。而一切客觀的道德實踐與成就社會人文,治國平天下之事業,皆所以成就我之人生之真實化者。」(《續編》,頁 123～124) 由此唐先生的「立人極」的要求,便歸到當求「以人文化成天下」的文化事業。以下我們便開始討論他由之而來的文化關懷。

第三節　唐先生文化哲學性格

一、中國百年來之文化問題

　　唐先生此一文化上的關懷,落到現實上必有其時代的特定視野,因此,在此我們要談一下百年來的文化問題。

　　中國百餘年來的文化問題是什麼?梁漱溟先生說:「照我的分析研究,現在之中國問題並不是其社會內部自己爆發之問題,而是受西洋文化勢力(歐美并日本皆在內)壓迫打擊,引起文化上相形見絀之注意而急求如何自救的問題。」〔註42〕簡單的說,我們可說中國百餘年來的文化問題乃是環繞著「西力衝擊」此一核心,而展開對「中國往何處去?」及「中國文化如何重建?」此一歷史主題的思索,這長久以來,幾乎已是中外思想界的共識。五四時代梁漱溟先生寫《東西文化及其哲學》,即著重於中國文化發展道路的思考,〔註43〕一直到六〇年代殷海光先生寫《中國文化之展望》仍云:「這本書的主題是論列中國近百餘年來的社會文化對西方文化衝擊的反應,以這一論列作基礎,我試行導出中國社會今後可走的途徑。」〔註44〕

〔註42〕參梁漱溟,《中國民族自救運動之最後覺悟》,無出版社及出版日期,頁 181～182。

〔註43〕參李維武,〈現代新儒家文化哲學初探〉,《中國文化月刊》一一七期,頁 39。

〔註44〕參殷海光,《中國文化的展望》上,序言(臺北:桂冠圖書公司,1990),頁 1。

在百年來西力衝擊的背景下，對中西文化問題的思索早成時代風尚。不過，唐先生本人來說，在大陸沉淪之前，對文化問題的思索，尚不是他思想的重心。抵港後，他鑑於國內情況日非，中共對人對學術之抨擊，肆無忌憚，乃強烈的感到學絕道喪，念及當時中國能對思想文化窺見本源者不多，認爲護衛文化之尊嚴，實責無旁貸，於是以臨風隕涕之心境，抱守先待後之志，懸孤心於天壤，挺身而出，開始以全幅心力從事他教育文化上的事業。〔註 45〕然而唐先生之以全幅心力論文化，外緣上雖然和馬列主義之勝利有關，但在他看來，馬列主義在中國之勝利，可視爲西方文化對中國文化衝擊的一個環節，而歸於說「中國近百年來之文化問題，皆表現於西方文化對中國之衝擊。」（《價值》，頁 471）因此，他對文化的關懷，便不單就馬列主義說，而是仍環繞著「西力衝擊」此一共同的主題而展開。

在這個共同的主題下，唐先生提出他對當前文化所關心的五大文化問題：

（一）中國文化精神，究竟是否有其永久不磨的精神？如其無永久不磨之價值，中國文化歷史何以有數千年之久？

（二）中國文化究竟有何缺點？如無缺點，何以近百年來，至少自表面觀之，中國社會之變革，乃由西方傳來之文化思想爲領導？又何以中國現在淪至如此悲慘之國際地位，人民遭遇如此深之苦難？

（三）中國近百年來對於西方文化之一切接受，是否皆必須且應當？西方文化眞有價值之處何在？究竟那些方面是中國人所當接受，而當進一步盡量接受者？當接受之理由何在？接受之態度當如何？

（四）中國人對西方文化之接受，是否必須先破壞中國文化之傳統？或只須以其所長補吾人之所短？如吾人須接受西方文化，以補吾人之所短，是否即是將二種原來不同之文化精神重新加以綜合，以創造中國之新文化？抑依中國文化精神之自身之發展，亦本當發展至一如是之綜合之階段？

（五）中國當有新文化之面目，大體是如何？中國近百年之變亂的歷史，是否表示中國民族活力之衰弱？中國民族是否眞有能力創造新文化？如何證明其有此能力？又中國近百年之變亂歷史中，中國社會文化是否有眞正之進步，其進步之處何在？（《價值》，頁 473～474）

唐先生自云這些問題「可謂爲中國近百年，關心中國文化前途者，所一

〔註45〕參《年譜》，頁 72。

直思索的。吾自開始能自動讀書用心之日起，亦一直有此問題在心，及今已近三十年。」（《價值》，頁 474）。《價值》、《重建》、《發展》諸作都可說是環繞著此五大問題而展開的著作。

　　不過，儘管共同指向文化發展的道路——「中國往何處去？」此一歷史主題，不同的文化派別在實際的文化發展道路的抉擇上卻出現了明顯的分野，反傳統主義者要從零出發「再造文明」（胡適語）、甚至「全盤西化」（陳序經語），新儒家（包括唐先生）則認為「這一過程不是對國人思想意識的『完全重建』，而是一種對自身文化概念的調整和對外來文化的適應。」〔註46〕即使他們面對共同的主題，這卻不能解釋他們為何會有如此不同的抉擇，這也是為什麼我不選擇以此共同的主題作為論文的起點，而一開始即從唐先生的「立人極」說起之故，因為我相信後者更有助於我們理解唐先生的文化觀。

二、道德主義、理想主義、人文主義的文化觀

　　因為有「立人極」的要求，要使我的生命成為一無限的生命、一絕對真實的存在，而人要求成為一無限的生命，即必須透過成己成物的道德實踐來完成其理想，透過安頓他人的生命，乃至安頓民族文化的生命，而使自己的生命真正得到安頓，由此而有人文化成天下的志業。人從事文化活動，乃依於人深心之實現道德理想的要求而來，這使得唐先生對文化的看法，呈現濃厚的理想主義、道德主義的色彩。

　　文化是什麼？唐先生認為「一切文化，皆是人心之求真美善等精神的表現，或為人精神的創造。」（《心物》，頁 188）文化是精神的表現或創造，而「精神初屬個人。個人表現其精神於他人，而後有社會文化。」（《意識》，頁34）故可說「人文由人格生」，由個人之人格，分別發展開拓他的各種心靈活動，而可有所貢獻於社會文化的各方面，而有社會的人文化成，在他看來，個人的人格，可說是人文世界生機之所寄。那麼，如何才能有個人人格的實現呢？他以為唯有「人心人性的開發，而有個人之人格實現，社會之人文化成。」（《續編》，頁39）因此，我們可以再進一步說，唯有人的心性自身——或者說是心靈主體、道德自我，乃是人一切精神創造的本原。唐先生在此便繼承了儒家自孔子統六藝之文化於人心之仁以來論文化的一貫精神，即「以一切文化皆本於人之心性，統於人之人格，亦為人之人格之完成而有。」（《意

────────────

〔註46〕 參鄭家棟，《現代新儒學概論》，導論（南寧：廣西人民出版社，1990），頁 4。

識》，頁 7）而成其道德主義的文化觀，認為「人類一切文化活動，均統屬於一道德自我或精神自我、超越自我，而為其分殊之表現。」，「一切文化活動之所以能存在，皆依於一道德自我，為之支持。」（《意識》，頁 5～6）

人類一切文化活動，皆本於人之心性，統於人之道德自我，在此文化觀之下，道德自我是本，文化活動是末，道德自我是體，文化活動是用。〔註47〕立本才能成末，明體乃能達用，因此，在文化的討論上，他亦先致力於說明文化的基礎在道德理性，指出道德理性遍在於人文世界以立本明體，此即是他在《文化意識與道德理性》一書中所致力的工作。〔註48〕

我們說唐先生的文化觀是道德主義、理想主義的文化觀，亦可合而言之，說他是「道德的理想主義」的文化觀，如唐門弟子李杜先生即以為以此稱之「亦是很相應的稱謂」。〔註49〕蓋所謂「道德的理想主義」意謂「一切個人或社會底實踐必當以理想為根據，而理想根於道德心（道德理性）。」〔註50〕而唐先生的文化觀正是如此，他講文化重在講文化理想，以「懷抱一對客觀社會文化之理想，仍為第一義之重要之事。」（《自我》，頁 19）而在他看來「人之實現文化理想之要求，皆依於人深心之實現道德理想之要求。人形成其文化理想之理性，在本原上亦即一道德理性。」（《意識》，頁 64）因此他講文化的理想主義之特質，亦可放到道德主義下去說。

我們亦可再用一名詞來闡述唐先生文化觀的特色，那就是「人文主義」的文化觀。所謂「人文主義」，在唐先生看來，乃是一對「人生、人倫、人道、人格、人之文化及其歷史之存在與其價值，願意全幅加以肯定尊重，不有意加以忽略，更決不加以抹殺曲解」（《發展》，頁 18）〔註51〕的文化方向，此「人文主義」即是唐先生講文化的精神方向，如勞思光先生便說：「唐先生從早年辦刊物，到晚年辦學校，目的始終是要建立一個文化方向上的大肯定；這個大肯定解說起來雖可以極繁，但宗旨只是以儒學為本的『人文主義』。」〔註52〕而這個對人文全幅肯定尊重的「人文主義」的文化方向，其實

〔註47〕參《意識》，頁 6、39。
〔註48〕參《意識》，頁 26：「此書之中心意旨，即顯示道德理性之遍在於人文世界。」
〔註49〕參李杜，《唐君毅先生的哲學》，頁 134。
〔註50〕參李明輝，〈論所謂「儒家的泛道德主義」〉，見《儒學與現代意識》（臺北：文津出版社，1991），頁 69。
〔註51〕關於唐先生對「人文主義」的定義，另可參《補編》上，〈人文主義之名義〉。
〔註52〕參勞思光，〈成敗之外與成敗之間──憶君毅先生並談「中國文化」運動〉，收入《紀念集》（臺北：學生書局，1991），頁 152。

亦是由唐先生對道德主體的理解而來，蓋他以爲「人之此心即是一既照顧到我自己之生命心靈要求，而且要照顧到一切人之生命心靈之要求，與整個自然世界之存在，而加以涵蓋持載的心。」（《心物》，頁 186～187）此絕對至善的道德心創造一切、生發一切，復肯定一切，由此來看文化時便不忍對有價值者加以抹殺，而顯出此一「人文主義」之對價值全幅肯定尊重的態度。

三、略論唐先生討論文化的方法

　　唐先生由「立人極」而來的文化關懷，使得他在文化上的討論，其性質即非如社會科學、文化科學之以一種「外在於其自己的心靈態度」，以研究社會文化問題，以所謂科學方法、冷靜客觀的認知態度來討論世間事；而有一「心靈態度的回歸」。

　　放在方法學的層次來討論，很明顯的，這相對於近代由胡適先生開啓的「科學的治學方法」之旨在「尋找證據」、「尊重事實」（儘管他們之間存在著一個共同的文化主題），研究者非常清楚他是站在研究對象之外來看「問題」，如醫者之探病源、審病況，然後找出解決的辦法，開出藥方來治病。儘管每個人做學問、探索時代的問題，都可能有其存在感的觸動，不過，在他們看來，這存在感又是必須盡力刮除的，治學只當不哭不笑，純爲了解而了解，才能不爲主觀態度所擾，而成就一客觀知識。〔註 53〕而唐先生則很自覺的不願爲此種講科學方法、純客觀的敘述及分析社會文化問題之事，因爲他認爲「此一純客觀的敘述及分析社會文化問題之事，我認爲可讓諸社會科學家去作，亦當有人去作。然而我則無意於再進此一步。如再進此一步，則一切依於道德自我而發之眞實理想與嚮往，即皆同時客觀化外在化爲平舖陳設在那兒的思想系統知識系統中的內容，其對於他人的理想與嚮往之引發性感染性，即莫有了。」而主張「一切已成的思想系統知識系統之內容，亦須再貫注以生命，加以活轉，乃能再內在化主觀化而誘導出根於道德自我而生發出之眞實的理想與嚮往。」（《自我》，頁 5～6）

　　相對於前者之客觀化外在化的研究態度，唐先生主張一種內在化主觀化的觀看歷史、人生與時代的方法，他在《人文精神之重建》一書的前言中說得很清楚：「爲求達上列目標，故此書諸文之思想方法，非以一任何已成之一

〔註53〕參龔鵬程，〈存在的感受〉，《近代思想史散論》（臺北：東大圖書公司，1991），頁 239～241。

家一派哲學或一種科學上之原理或某一種政治上之主義，而據之以演繹結論之演繹法，亦非排比事實材料而由之抽出原理之歸納法。吾之此書所嚮往而或未能達之思想方法，是直就吾之生此時代，居于中國，上承中國數千年歷史文化之傳統，外感世界文化思潮之流注，吾所親身感受之若干人生文化觀念上之衝突，而情志上有所不安不忍處；自覺此中問題所在，使此心沉入問題之中，甘為諸矛盾衝突之觀念之戰場；再進而即于此戰場之中心，求修築縱橫交會之路道，以化除諸矛盾衝突之觀念，使之各還本位，和融貫通。」（《重建》，頁 21）可以說唐先生專門討論文化問題的《價值》、《重建》、《發展》等作，皆是內在於主體之生命自身的「存在的感受」而有的「存在的思索」——是直就我之處此時代在此環境，本我對于中國及世界之客觀的社會文化問題之感受與思索，而寫之書。〔註54〕

　　這種論述的特色，在新文化運動影響下的學院學術評價中，是較難被接受的，因此往往有毫無學術性的批評，不過，唐先生本來就是自覺的要對這種「只以此種（學院式的）出版物為著述之標準」的風氣提出針砭，認為此風「實亦人類之理想墮落、思想僵化之徵」（《自我》，頁 6）。因此，我們如果放棄以學院式的著述標準來作為衡量唐先生文化討論諸作的標準，可能對其學相會有較為相應的理解。

〔註54〕 參《自我》，頁 5。

第三章　文化的一本多元論
——以德性爲中心而全幅開展的人文世界

引言：在文化一元論與多元論之上的反省

　　唐先生繼承儒家「立人極以求人文化成天下」的文化方向，在經過道德主體的肯定與彰顯後，依于其實現道德理想的要求而有文化上的關懷，在他的思想中道德與文化有其一貫而以道德爲中心，因此，我們在上一章說唐先生的文化觀是道德主義的文化觀。

　　道德主義的文化觀往往會令人想到文化一元論，我們在本章要繼續說明的即是，唐先生的文化觀，雖以道德爲中心，不過更要求人文世界的全幅開展，他的文化理想乃是一個「以德性爲中心而全幅開展的人文世界」(《重建》，頁 45)。如果說他是文化一元論的典型代表，那麼，他的一元論並不是一種排斥文化多元發展的一元論，相反的是一種自覺的要求要有文化多元開展的一元論，因此，我們便不說他的文化觀是一元論，而說他所主張的是「文化的一本多元論」。〔註1〕

　　文化的一本多元論，顧名思義，即是主張文化中要有一本，也要有多元，一本與多元俱不可廢，什麼是文化中的一本與多元？在唐先生而言，道德主體是一是本，文化活動是多是末。一方面要「由本成末」，一本要表現爲多元；

〔註 1〕以唐先生的文化哲學不同於一般所說的文化一元論或文化多元論，而名之爲「文化的一本多元論」，此語聞諸劉國強先生。

一方面要「由末返本」，多元要統攝於一本。

　　一不顯爲多，本不貫於末，一本不表現爲多元，道德理想不實現於客觀社會，那麼所成就的只是主觀的道德生活，此使得道德自我不能成就他自己，同時也將導致人文世界的偏狹乾枯窒息。然而逐末而忘本，泥多而廢一，多元不能攝於一本，人如不自覺各種文化活動所形成的社會文化諸領域，皆統屬於人的道德主體，那麼將只見文明現實的千差萬別，而不能見其貫通，則人的精神將日趨於外在化世俗化，同時人文世界也將日趨於分裂離散。〔註2〕前者大體上是中國過去文化所遇到的困局，後者則是西洋文化（尤其是近代西洋文化）之弊，唐先生的文化的一本多元論即是對中國傳統的文化一元論與西洋近代的文化多元論的反省與會通而來的主張。

　　不過，要再進一步說明的是，此德性的一本與文化的多元，在唐先生的理解下並非是並列的兩端，而必須放入一個辯證的歷程來理解。在這個辯證歷程中，道德既是起點，也是終點，此即是他之所以以一面肯定人的道德主體或道德理想是一切文化創造的根源，同時又認爲講文化「而最後不歸宗於人之盡心盡性，以完成其自己或他人之人格精神，使此一切對人格精神直接表現價值者，皆如佛家所謂不了義。」（《價值》，頁 492）因此，我們可以說唐先生文化一本元論的基點仍是儒學傳統由內聖開外王，以內聖爲外王之本、統六藝之文化於人心之仁的路數。唯他所不同於傳統儒學的是，他以爲要完成文化的全幅開展，不能直接由道德來論文化，而要求道德主體必須有一自我崩解與開放，承認道德與文化有所不同，肯定文化具有獨立的地位，由此道德主體的自我開放，以完成文化的多元發展，如此，才能眞實成就一個「以德性爲中心全幅開展的人文世界」。

第一節　文化意識的基礎在道德理性 ——論文化的多元如何統攝於德性的一本

一、道德主義的文化觀

　　我們先從文化中的一本，即道德主體或道德理性說起，《文化意識與道德理性》一書是唐先生自覺的文化哲學之作，〔註3〕在此書中他即一再的強調「本

〔註2〕　參《意識》，頁6。
〔註3〕　參《意識》，頁5。

書之內容十分單純，其中一切，皆旨在說明：人類一切文化活動，均統屬於一道德自我或精神自我、超越自我，而爲其分殊之表現。人在各種不同之文化活動中，其自覺之目的，固不必在道德之實踐，而恒只在一文化活動之完成，或一特殊的文化價值之實現。如藝術求美，經濟求財富或利益，政治求權力之安排……等。然而一切文化活動之所以能存在，皆依於一道德自我，爲之支持。一切文化活動，皆不自覺，或超自覺的，表現一道德價值。」（《意識》，頁 5～6）「所以本書之目的，一方是推擴我們所謂道德自我、精神自我之主宰之下。」（《意識》，頁 6）「此書之中心意旨，即顯示道德理性之遍在於人文世界。」（《意識》，頁 26）一切文化活動統屬於道德自我，爲其所支持所主宰，道德理性遍在於人文世界，由此，我們可以說在唐先生的思想中所展示的是一個道德主義的文化系統。

　　討論至此，我們願意在某一意義下同意一個經常含混而復被著色的字眼——「泛道德主義」，以「泛道德主義」來指稱儒家的文化觀。一般人在論「泛道德主義」時，往往由「泛」字引申出「泛濫」、「越位」等貶義，認爲「所謂『泛道德主義』，就是將道德意識越位擴張，侵犯到其他文化領域（如文學、政治、經濟），去做它們的主人，而強迫其他文化領域的本性，降於次要又次要的地位；最終極的目的是要把各種文化的表現，統變爲服役於道德，和表達道德的工具。」〔註4〕是否在文化中講德性之一本，多元的文化領域即必須降爲次要又次要的地位，成爲道德的奴婢？基本上，在唐先生的思想中這個問題的答案是否定的，他顯然認爲每種文化活動，各自有其獨立的領域，也因而有其本身的標準，它們不必是道德的工具，〔註5〕可是這無礙於它們之本於道德自我，一本與多元不一定要針鋒相對。不過，由於此種用法，使得當代新儒學的後學者，刻意要劃開新儒家的文化觀和所獲的「泛道德主義」的關係，如唐先生之弟子陳特先生撰〈唐君毅先生的文化哲學與泛道德主義〉即致力於說明唐先生的文化哲學不是泛道德主義。然若專就「泛道德

〔註4〕　參李明輝，〈論所謂「儒家的泛道德主義」〉，《儒學與現代意識》（臺北：文津出版社，1991），引文乃韋政通說，頁 69～70。

〔註5〕　唐先生明言「使一切美皆爲直接示人以一道德命令，此不特不必須，抑且不可能」「文學中之小說詩歌戲劇之處處以勸善懲惡爲目的者，不免失其文學上之美。」即不贊成「文以載道」說，論科學知識與政治等亦然，此可參陳特，〈唐君毅先生的文化哲學與泛道德主義〉，臺北當代新儒學國際研討會論文，民國 79 年，頁 503～504。

主義」的描述義來看,「泛」字(Pan)在希臘文中意謂「世界」或「一切」,所謂「泛……論」(如「泛靈論」、「泛神論」等),大體表示一種整體論的(holistic)的世界觀,原來不含任何褒貶的意味。〔註6〕如單就此描述義來看,唐先生「道德理性遍在於人文世界」的文化觀,說它是一種「泛道德主義」,亦未嘗不可。

二、論現實環境不能決定文化之創造

　　那麼,唐先生如何說明一切文化推本其原亦唯在超越自我、道德自我之創造、道德理性遍在於人文世界,而確立道德理性或道德自我、超越自我為文化中的一本?〔註7〕關於道德主體──超越自我或道德自我之存在,我們在上一章已略作說明,在此不再覆述。不過,唐先生認為在道德生活中吾人尚較能承認「人有能形成道德理想之超越自我之存在」,而在文化活動中「人恒不易相信人之其他文化活動之第一因,亦依於人之自動自發之自由意志所形成之理想,或超越自我之理想。」(《意識》,頁37)何以故?因為道德意志是自己對自己的,而一般文化活動則恒有一求實現於客觀外在物的理想,而在理想未實現時往往會覺得與之相對待相阻礙,且其克服又非自己能把握,由是我們創造文化的活動,遂恒覺有一客觀外在的環境,為我們理想的限制,使我們創造文化的精神,感到桎梏束縛或不自由;加上自外而觀文化活動的形態,我們又可看到人在不同的現實環境中即有不同的文化活動產生。〔註8〕

〔註6〕參李明輝,〈論所謂「儒家的泛道德主義」〉,《儒學與現代意識》,頁69。

〔註7〕所謂道德自我、超越自我乃同一自我的異名,即我們在第一章所提到的心靈主(本)體。

　　《意識》,頁20:「吾人所謂道德自我、超越自我、精神自我,創造文化具備文化意識之自我,只是一自我之異名,在本書中,亦交替隨文用之。大率如欲顯其為非一般之現實的所與所對或已成自我,而恒超越於一切所與所對或已成自我之上,只為主而不為客說,即用超越自我。如欲顯其非物質的超形相的、超自然本能欲望等的,則用精神自我。如欲顯其為實現一對人格自身之價值的,即用道德自我。如欲顯其為抱某一文化理想、成就某一文化活動的,則只用自我二字,或冠以一詞如求真時之自我,作某文化活動時之自我等。」因此在本文中,道德自我、超越自我等亦交替隨文使用。

　　至於所謂的道德理性,即儒家之「性理」,「即不斷生起創發一切具普遍性之理想之超越而內在的根原。」(《意識》,頁36),具此道德理性的自我即是超越自我、道德自我。

　　大體而言,講道德理性乃自本體的存在義說,講道德自我則自本體的創造義、活動義說。

〔註8〕參《意識》,頁38。

這使人懷疑超越自我是文化活動的第一因，而以爲決定文化創造的是現實環境。因此，唐先生要說明「人之文化活動，推其本原，亦唯在人之超越自我所生起創發之理想。」（《意識》，頁 38）即要先處理文化活動的創造與現實環境的關係，以說明文化的確起於超越自我自發的創造，而非爲現實環境所決定者。

首先，他用了一個「反證法」，以說明我們在文化活動中，所生的受限制桎梏的感覺，都是依於我們有一個自發自動不容己之求文化活動的完成的志願而後可能，我們在文化創造的過程中會感到不自由，正因我們要求自由，「故此中吾人之有不自由之感，正反證吾人之精神或文化活動之生起與創發，全由於吾人之精神自我或超越自我之自身。」（《意識》，頁 38）至於我們的文化活動，隨所有的現實環境而異，他則認爲這只能是一種「規定」——消極的規定吾人的精神或文化活動不爲何種，而不是「決定」的關係，或者用佛學的名詞來說，只是「外緣」，而非「眞因」，即使文化活動與現實的關係，可以發現無數的例證，「然吾人仍反對現實環境對吾人精神或文化活動之決定說者，則在吾人認定吾人之精神活動或文化活動，畢竟依於吾人對現實環境所表現之一態度，而對此態度，吾人乃始終能自己加以批判，而估量判斷其價值，對之有所好惡者。」（《意識》，頁 40）由此說眞正決定文化活動之創造者，唯是發出此態度，並能估量判斷其價值的超越自我。

三、超自覺、不自覺的道德理性是一切文化活動的基礎

除了由文化與現實環境二者關係的探討以說明超越自我之爲文化的創造者外，在《意識》一書唐先生之論道德理性爲文化活動的體或本，主要是「先肯定社會文化之爲一客觀存在之對象，而反溯其所以形成之根據。」（《意識》，頁 9）反溯——文化活動的形成根據而說文化活動、文化意識的基礎在道德理性。

在進行此一工作之前，首先我們要說明的是他的起點並不同於康德。康德只以自覺的依理性以立法自律的道德理性與其所成的道德生活，乃爲眞正的道德理性、道德生活，依康德對道德的理解，人的自然心理性向、自然欲望、所求的快樂幸福，都在道德世界本身無地位，同時一般人的日常生活或文化活動，能不自覺或超自覺的表現人的道德性之處，康德的道德哲學皆未加以分析。〔註9〕因此，康德雖以道德生活爲一切文化生活的中心，於一切文

〔註 9〕 參《意識》，頁 14。

化生活之上，然卻不能說道德理性遍在於人文世界。〔註 10〕唐先生於此毋寧是較接近黑格爾之「於一切文化中同見一精神、或理性、在其中之表現」的（《意識》，頁 38），精神在文化中的表現有其顯隱，不過卻是同一精神的表現與發用。因此，他注重說明人在自覺上只是實現一文化理想時（而不是自覺在做道德實踐），亦有不自覺或超自覺的道德理性的表現。自覺的道德理性是最高的文化意識，可以協調開拓保護延續文化活動，乃至可以成就文化活動、超越的涵蓋文化活動；而不自覺或超自覺的道德理性則是一切文化意識、文化活動的基礎。〔註 11〕如此，道德生活固然在一切文化之上，為一切文化生活的中心，同時也內在於人的一切文化生活中，由此可說道德理性遍在於人文世界。

所謂一切文化活動中皆有不自覺或超自覺的道德理性之表現、有道德自我或超越自我為之支持是什麼意思？唐先生在講文化時，他所謂「道德理性」的意義，乃是以超越性和主宰性為主，理性的發用，首先即表現在「私性或自限於一特殊之性」（如物質身體的世界與自然本能欲望等）的超越，以主宰吾人之自然活動上。他認為能夠超越特殊的現實，就能形成普遍的理想，「意念理想無『私性』，即具公性。無『私性』即禮，公性即仁。禮由仁發，仁由禮現。禮即理，仁即性，二者一也。」（《意識》，頁 21）能超越私性的活動，我們即說它是道德理性的活動，即使它不是自覺的要從事道德實踐，我們亦可說它不自覺或超自覺的表現道德理性。

因此，唐先生致力於在一一文化活動之超越私性，而表現公心、普遍性的理想之處講文化活動的基礎在道德理性。講家庭，則以人家庭生活的本

〔註10〕康德所樹立的道德主體的自我決定的自由固然亦要求圓滿的貫徹，也就是說，它必須超克一切限制它的藩籬，並成為足以決定一切的（all-determining）自由。它不能滿足於一種內在的、精神上的自由所具有的局限，而必須進一步嘗試將它的目的「烙印」在自然上；它必須成為整體性的。

不過，自由在定義上相對於依賴於自然的欲望和性癖，二者具有全然不同的根源，因此似乎唯有以與自然決裂為代價，徹底的自由才是可能的。這種決裂同時也成了「徹底的自由」和「表現的圓滿」二者的尖銳緊張之處，不過在康德而言，他顯然是相信他所謂的「神聖境界」在塵世中不可能，而輕易避開此一問題。黑格爾之致力於「一切文化中同見一精神、或理性，在其中之表現」是為了要統一在康德沒有統一的「徹底的自由」與「表現的圓滿」這兩個理想，以彌補實然界、應然界的鴻溝。此可參 Charles Taylor，《黑格爾與現代社會》，頁 5～14。

〔註11〕參《意識》，頁 15、26、525。

性，在超越涵蓋人的性本能；講經濟，則以人的生產技術活動和社會經濟的本性，即超越涵蓋人的求食利用物體以謀生存的本能；講政治，則以政治活動的本性，即超越涵蓋人求權力的本能者。而學術活動，則是人無私的探求宇宙萬物人生的真理，而充塞瀰綸於一切真理的世界的精神；藝術文學的活動，則見人無私的表現宇宙萬物人生中的至美，而昭明煥發至美的世界的精神；宗教活動，則是皈依神以超越現實世界的苦錯惡，而光榮理想世界之真美善者。〔註12〕

　　如何說明一切文化活動之超越私性而表現公心——道德理性？今茲舉政治為例，從客觀事實分析，一切政治活動、政治運作，都離不開權力，所以一般人容易產生一種看法，以為權力或追求權力的意識，是人類政治活動、政治現象的基礎。〔註13〕因此，唐先生便以對權力欲的討論作為探討政治的基礎在人的道德理性的起點，他不否認權力欲與政治活動有密切的關係，不過，「貫徹於吾人求權力之政治活動者，亦唯是吾人之精神活動，道德意識。」（《意識》，頁182）他的意思是說，權力只是政治的表層，若進一步分析權力意識本身，我們會發現，求權力意識之產生，是依於一種更高的精神或道德理性，沒有這種更高的精神或道德理性，權力現象、權力意識不會出現，縱然這種更高的道德理性可以不被自覺，它卻是權力的基礎。〔註14〕一方面，「權力欲之不能離超越自我而單獨存在」（《意識》，頁183）「自始即在一超越的我之涵蓋籠罩下發動。」（《意識》，頁185）一方面，「人之權力欲之滿足，必依待於由超越自我而來之其他高級之精神意識道德意識之發展出，而後可能。」（《意識》，頁183）因為「所獲權力欲或權力意志之本質，即使他人承認我之意志之一意志。吾求他人承認我意志，吾即預知他人有其意志。故權力意志之本源，即為吾先有一兼承認人與我之意志存在之超越的我。」（《意識》，頁185）所以說權力欲一開始即在超越的我的涵蓋籠罩下發動。

　　而就權力意志的滿足來說，權力欲為在本性上不能得到究竟滿足者，它自始必須根據超越我所承認的對立意志之存在它才能存在，而又自始必須壓服之才能滿足，因此，它便時時與煩惱不安相伴，當對立的意志未被壓服時它不能滿足，而當對立意志全被壓服後，它將無伸展其權力的場所，將無法

〔註12〕同註11，頁653～654。
〔註13〕參劉國強，〈唐君毅的政治哲學〉，臺北當代新儒學國際研討會論文，民國79年，頁58。
〔註14〕同註13，頁59。

再得到滿足，反而會覺一大空虛來臨。因此，權力欲要求自身的安頓，即必須折回，自知它依於承認他人的對立意志而有，而自覺的承認他人的對立意志，由是，「彼之個人權力欲，遂可化爲對他人之權力普遍承認之道德意識。」〔註 15〕不過，只有主觀的權力意志，尚不能形成眞正的社會政治的組織。人人都欲有權則無一人能最有權，人想要眞正有權，必須使其個人的主觀權力意識，與人所肯定的其他客觀價值結合，如富貴、才能、德性等人所公認的價值，然後人才能眞順從其意志，而由人的客觀價值意識而有政治上客觀權位的建立。因此，權力意志雖爲一主觀私有的意志，其發動雖爲主觀所決定，私心凸顯，公心隱伏，然其如何完成，則全爲人之客觀價值意識所決定，當人眞有表現客觀價值於意志行爲中的努力時，人的私心，則可漸化爲心，且無論是否個人的私心已全化爲公心，能得權位者之被人順從，不在其私心，而在其意志行爲所表現的客觀價值。〔註 16〕因此，唐先生認爲政治活動的本性不在於人求權力的本能，而在於超越涵蓋人求權力的本能的道德理性或超越自我。唐先生之反對家庭成立的基礎在性本能，經濟的基礎在求生存之本能的理由亦似此。

至於其他較純粹的文化如科學哲學文學藝術宗教等，人較易信其非依本能而有，不過卻易視之爲與道德爲不同的人文領域，而不信其有道德理性爲支持其存在的基礎。今暫就科學哲學之純粹理性活動說，唐先生認爲「科常學之活動之以求眞理爲目的，此只表明，在科學哲學活動中，眞理之追求爲凸顯之目的，……人之求眞理之活動，所以眞實能之根據，仍不離人之道德理性，因而其中亦即可表有道德價值。」（《意識》，頁 307）就一般義說，固可承認純粹理性與實踐理性爲二，前者的心是靜觀的，其唯一的目的在觀照以得眞理而不以爲善去惡爲目的，因而亦不得以善惡觀念加以評介，說它是否具備道德價值。不過，如攝一般義以歸根本義，唐先生則不以純粹理性、實踐理性在根源上爲二，因爲作此活動之心中無善惡道德觀念是一事，而此活動之心本身，是否表現道德價值又是一事，〔註 17〕唐先生說「吾今所欲論者，唯是說吾人之能有此等等，處處皆表現吾人心靈之自己超越的能力。諸原始的概念判斷、知識之成，皆原於吾人心靈之自物理之因果關係超越，生

〔註 15〕 參《意識》，頁 186～187。

〔註 16〕 《意識》，頁 191～204。

〔註 17〕 《意識》，頁 24、308～309。

理之因果關係超越，而此中即兼有自然的本能欲望之超越。至本理性以貫通連結各知識，成各種知識系統與各種科學或哲學，則表現吾人自原始之『概念』『知識』本身之次第超越對程。此中自吾人所超越者，觀此能超越之能，即皆表現一種道德意義之善，而見其依於吾人之能超越之道德理性而有。」（《意識》，頁 312）

　　道德活動爲內在於一切文化活動者，人在自覺的從事文化活動時，不自覺在實現善，而只自覺在實現善以外的價值，不過，不自覺在實現道德，無礙於說一切文化活動均潛在有、內在有一種道德活動、皆表現一道德價值。[註18] 由是可說道德理性遍在於人文世界、爲文化意識、文化活動之基礎，每一文化活動、文化意識皆依吾人道德理性而生，由吾人之道德自我、超越自我發出，由此說文化本原之清淨，以「擴充孟子之性善論，以成文化本原之性善論，擴充康德之人之道德生活之自決論，以成文化生活中之自決論。」（《意識》，頁 17）[註19]

　　值得一提的是，在此說明下，唐先生統文化的多元於德性的一本，繼承了儒家以道德爲文化中心的看法，然而卻又保存了各文化領域的獨立地位。

第二節　文化是精神之表現
──論德性的一本如何開出文化的多元

一、論道德與文化之不同

　　我們雖說唐先生繼承了儒家道德主義的文化觀，統六藝之文化於人心對，認爲「一切文化皆本於人之心生，統於人之人格，亦爲人之人格之完成而有。」人從事文化活動，乃依於人深心之實現德理想的要求而來，而文化活動、文化意識的基礎或者說是本原也的確在道德理性。不過，他同時認爲道德與文化之一貫是一事，然二者的涵義並不相同。[註20]

　　唐先生以爲道德與文化之不同有四：

　　（一）道德的本質是「反省」的，文化的本質則是「表現」的。道德生

[註18] 同註 15，頁 517。

[註19] 至於爲何文化本原清淨，而復有本能性癖等負面之表現，可參前章關於「不經反面不能自覺」的討論。

[註20] 參《原教》，頁 623：「唯道德論與文化歷史論之一貫，是一事，而道德與文化歷史之名之涵義固不同。」

活的核心，為一以道德理想對證我現實之行為生活而生反省，由反省而遷善改過。道德唯存於人格內部，可以只就個人知道而行之有得於心上說，不一定要表現於客觀社會才能說有道德。雖然誠于中必可形於外，表現為事業以移風易俗，然誠于中未及形於外，仍無害於有道德。而言文化則一定要就個人精神表現於客觀社會，成就一種客觀的「文化表現」或「文化物」上說。或者我們可以借用黑格爾的術語來說，道德是屬於主觀精神方面的，而文化是客觀精神方面的實踐。〔註21〕

（二）由前段的討論而來，道德之義既可只內在於個人之人格內部，不必有客觀社會的表現，因此，也可以不肯定一客觀的形色世界或離我心而實在的他人之存在，即使宇宙間只有我一人，我能行我所知的道，那麼我仍有道德。而文化之成，賴他人之精神、行事表現於客觀社會，經由形色世界的物質為媒介而傳遞於他人，因此，要肯定文化的客觀存在，同時也必須要肯定客觀的形色世界與他人的實在。〔註22〕

（三）廣義的道德意識雖包含對各種文化意識的肯定，但狹義的道德意識亦可排斥各種文化意識的肯定。舉例而言，道德既可不肯定一客觀的形色世界與他人之實在，即可不求欣賞萬千形色，並表現自己的才情於形色的媒介，而忽略藝術文學的生活；亦可忽略人與人群居和諧的政治道理之講求，與如何維持我與他人形色生命之存在的經濟道理的講求。

（四）如前所論，道德可以只在心理動機上表現，因此評論一事的道德價值可以只就心理動機的邪正善惡評論；而論一事的社會價值、歷史價值，則必須就其在天下後世的結果和影響看乃能決定。〔註23〕

唐先生在此講道德與文化之不同，當然，這不是告訴我們道德與文化可以看作截然獨立或根本不同的兩個領域（如二者對無關聯，即無法講「開出」的問題）我們前面已經說過道德理性或者說是人的本心本性乃是論文化的起點和終點，是文化的基礎也是最後的根據。甚至在最高的人格理念（即最高的道德）中是「文化與道德合一，反省與表現合一，而一切皆為天機天性之

〔註21〕 不過在黑格爾道德與文化俱屬於客觀精神，此處雖借自黑格爾語，而主觀／客觀之內容不必同於黑格爾的區分。
參《價值》，頁495；鄺錦倫，〈外王與客觀精神〉，臺北當代新儒學國際研討會論文，民國79年，頁3。
〔註22〕 此亦即是說論道德猶可講唯心論，而論文化則必承認心物俱實在。
〔註23〕 關於唐先生之論道德與文化之四點不同，參《原教》，頁624～625。

流露。」（《意識》，頁 521）他只是提醒我們，論文化與論道德的觀點不必全然一致，于論道德為足者，論文化則未必足，因此，「徒直接以道德上之原理，應用于文化與歷史，對于文化與歷史之意義與價值，將不能有充分之了解。」（《原教》，頁 623）這乃是就儒學傳統之以心性論文化之路線所作的反省，以心性論文化，念念在成德，對文化的意義較無充分的了解，因此，要完成文化的全幅開展，道德主體必須有一自我崩解與開放，承認道德與文化有所不同，而此自我開放，正是為完成其自己者。

二、論以心性論文化不足語文化多端發展──對儒學傳統以心性論文化的反省

如果我們稍微回顧一下中國儒學的傳統，可以說自孟子到宋明，儒學的主流實在逆覺體證心性之本體，在「求其放心」，在由末（變動無恒之現象）以反本（亦超越亦內在之本體），此學至宋明而臻於大成。〔註24〕宋明儒之根本課題，即為「成德之教」，亦即「內聖之學」之成立，無論宋明儒彼此有多少差異與爭論，皆只是第二義以下之差異與爭論，其為成德之教則無異也。〔註 25〕所謂成德之教，即是求確立一道德的超越根據，換言之，即是建立道德的本體。〔註26〕

由於以證體為標的，重在即用以見體，則其用隨時而化，而唯存其體之神，一切現象畢竟無積極的意義。〔註27〕因此，唐先生說：「宋明理學用心之重點，在依性與天道以立人極、明道德。其對社會文化之重視尚不足。」（《意識》，頁 8）

就陸王一系來說，陸王學重「心」，以心為道德本體，心是一切理之創造者，故講「心即理」、「心外無物」、「意之所在為物」（陽明語）。唐先生以為直順此心外無物之論，則其論歷史文化，將不免以歷史文化所表現之理，只為吾心之理的例證，既是例證，則不一定要加以考究，因為吾心既知此理為真，則無此例證，亦可在日常生活中求例證，亦未嘗不能知，如此則無特別

〔註24〕 參曾昭旭，《王船山哲學》（臺北：遠景出版公司，1983），頁 292～293。另參《價值》，頁 501～502：「中國儒家（尤以宋明儒為甚）之思想，主要自道德立根。」

〔註25〕 因此，唐先生力主程朱、陸王之異不在道問學、尊德性，而在尊德性工夫入路不同。此可參《原性》，附錄〈朱陸異同探源〉。

〔註26〕 參曾昭旭，《王船山哲學》，頁 295。

〔註27〕 同註 26，頁 293。

重視歷史文化之考究的理由，此即陸王之所以以不註六經，而講六經皆我註腳。六經皆我註腳，反一切事理於一心，東西南北聖，同此一心，天下萬物得之不爲多，一人得之不爲少，此似亦極廣大，不過，此心果前無古人，後無來者，那麼，悠悠天地，終成孤露。唯有復知我注六經，乃上有所承，下有所開，旁皇周浹于古人言教，守先以待後，精神斯充實而彌綸於歷史文化之長流。〔註 28〕因此，順陸王一系所成就的只是主觀的道德生活，而難有客觀道德事業之成就，亦不足以語人文世界的全幅開展。

至於程朱一系，重「理」，其道德本體乃偏重在一密藏的存在的理體，而經由格物窮理的工夫以證此體乃是整個朱子學的重心所在，而悟得此體是此系統的最高標的。〔註 29〕因爲強調格物窮理，朱子亦註六經，以承古先聖賢道統自任，程朱學亦可說善能保存一切既有之文化成績，整理之、疏通之，而於文化事業上有集成之功者。〔註 30〕不過，唐先生認爲「然單自其哲學之只重明理上說，朱子並非必需如此也。彼等之言格物致知，不外顯吾所本有之天理與本心。」（《原教》，頁 625）朱子是藉格物以求證體，因而有「忽然上達」、「一旦豁然貫通」之語，一旦貫通而證體以後便可一切無事，其先前的工夫便形同敲門磚之虛事，〔註 31〕由此，其在文化上之整理疏通的事業便不能說具有積極的意義了。

以上這種中國儒學主流的以心性論文化的路數，「先有一具足文化理想全體之心性在上，並視人文世界一切，唯是此心性之實現或流露，同時爲此心性所包覆涵蓋」者，唐先生名之爲「自覺地重實現」（《價值》，頁 497）的文化精神。

他認爲中國文化的「自覺地重實現」的精神，「若偏重於視人文爲人之心性之實現或流露，人文若唯在人整全之心性所包覆涵蓋之下，直接爲陶養人格精神之用，未眞著重其客觀的表現吾人之精神之意義，求先展開爲一分途發展之超個人的文人世界。」（《價值》，頁 518）這使得中國文化之傘未撐開，

〔註28〕 參《原教》，頁 622、625。

〔註29〕 參曾昭旭，《王船山哲學》，頁 297、305。

〔註30〕 參《原教》，頁 625；《王船山哲學》，頁 297～298。

〔註31〕 故船山云：「忽然上達，既與下學打作兩片，上達以後便可一切無事，正釋氏磚子敲門，門忽開而磚無用之旨。釋氏以頓滅爲悟，故其教有然者，聖人反己自修，而與天爲一，步步是實，盈科而進，豈其然哉！」（《讀書說》卷六，頁 33），此可參《王船山哲學》，頁 304～305。

只能卷之退藏於密，而不能放之彌六合，導致四肢不靈，枝葉凋零，原先的軀幹（喻德性的一本）亦日以孤寒，這導致了中國文化的危機。因此，中國文化精神要回應由此危機而來的挑戰，即必須靈四肢，茂枝葉，而此唯賴人文世界的多方分途發展，使客觀人文世界得以全幅展開，此正是唐先生在當代的「立皇極」的文化事業之重點。〔註32〕

三、文化是精神之表現——重氣重精神之表現以由本成末

唐先生的文化一本多元論，固然要求文化的多元要統攝於德性的一本，而講文化意識、文化活動的基礎在道德理性，肯定道德主體是一切文化創造的本原。不過，他同時認爲道德與文化涵義不同，徒以道德，或者以心性來論文化不足語文化多端發展，因此，他復致力於由原先德性的一本以開出文化的多元，以由本成末。而在他看來，儒學傳統中更能注重文化多方發展以由本成末者，船山足以當之。而船山之所以如此，其關鍵即在重「氣」。〔註33〕因此，唐先生說：今之論文化，即直承船山之重氣重精神之表現之義而發展。」（《意識》，頁8）

爲什麼重「氣」能成就文化多端發展？我們先從何謂「氣」說。

張載〈太和篇〉首節云：「散殊而可象爲氣，清通而不可象爲神。」自宋明以來，所謂氣者，皆說明「宇宙人生存在的流行的特殊化原則」，而與理之說明「宇宙人生普遍性之原則」相對。理顯于氣乃成器，而有形下的物質世界，剋就器之成與器之萬殊而言，此物非彼物，今人非舊人，關鍵皆在氣，而不在理，因此，唐先生說：「氣爲萬物之特殊化原則」。〔註34〕

氣是特殊的，因此一旦重視此氣或個體人物之氣的不同，那麼吾人的心、理雖爲無外，然吾人的氣不能備六合之氣而具之，則吾人之氣終爲有外之氣，在我以外還有萬物的氣、他人的氣、父母祖先聖人的氣，這些都是在我以外的客觀存在，而不只是吾心之理的例證。我要使我之爲我的此一特殊個體的精神，眞與天地古今中特殊個體的精神融凝爲一，成爲絕對不自限的精神，則必須知我之外有包裹我的宇宙中的人物與歷史文化，這有待我們恭敬而承

〔註32〕參《價值》，頁518～519。
〔註33〕不過，必須加以說明的是船山之重氣只能理解爲「亦是氣」，而不是「只是氣」，曾昭旭，《王船山哲學》，頁329：「……『只是氣』便是唯物論（「唯」即是「只」義），『亦是氣』則即氣以顯體，與其前之儒學只是進路不同，實體不二也。」
〔註34〕參《原教》，頁518、627。

之，悉心殫志以考究之。〔註 35〕因此，在這裡便不能講唯心論，而必須肯定我以外物的實在、他人、歷史文化的實在，不能講「六經注我」，而必須說「我注六經」，由此而可成就「我注六經」的文化事業。

再就另一點說，氣雖是特殊的、有限的，不過，真知氣之重要者，不只視之為「氣稟之雜」、不只視之為消極的存在的限制，而視之積極的「精神的表現」。我們在前一章說無限必表現為有限時，即曾提到有限是無限的存在條件，在此義上說，氣之特殊、有限（如特定的氣質與歷史）反而是使人心之創造得以落實凝定而真成其為創造者，因此，真知氣之重要者如船山，便力主心性天理「必在氣上說」、「無氣則俱無」，便是重視一切心性天理俱必直貫到存在面始有意義，由理貫至氣，通體是純一不雜，即體即用而非即用見體，因此，在船山而言，格物窮理的工夫不再是方便敲門的虛事，而步步皆實，都是存在密藏的積極開發，由此而一切文化事業皆有其積極的意義。〔註 36〕精神必表現於現實世界的形色身物中，其表現便隨人之氣質、位、時而萬殊，因此，每個人每個民族皆有其特殊的通到精神實在之路，在一人一民族一時代，儘可各表現人性或道德的某一方面，於是個人有不同的性格與事業，民族有不同的文化與歷史。〔註37〕由是而文化亦可有其多端的發展。

唐先生此一重氣重精神對現以由本成末的努力，首先便表現在他對「文化」此一名詞的涵義的看法上。

「文化」是什麼？簡單的說，唐先生所謂的「文化」其涵義即是「人之精神活動之表現或創造。」（《意識》，頁 30）「一切人類文化，皆是人心之求真美善等精神的表現或為人之精神的創造。」（《心物》，頁 188）當然，如整體來看「文化」，人類的文化乃是由兩面所構成的，「一面是文化中無成之具體成績，一面是運用此一具體成績之人之精神」。不過，唐先生以為「此已成之具體成績，原為人創造文化之精神所凝聚而成。」（《續編》，頁 38）文化的內容雖可分為各種不同部門和領域說，然而同樣都是人的精神所創造而成，因此，唐先生便直接由文化精神一面說文化。

那麼，什麼是「精神」呢？以精神之表現說文化和以心靈主體或道德理性說文化二首有何不同？唐先生說：「精神一詞與心靈一詞，在我們通常似可

〔註35〕 同註 34，頁 628～629。
〔註36〕 參曾昭旭，《王船山哲學》，頁 304、331。
〔註37〕 參《重建》，頁 325。

交換互用，……然嚴格說，其意義實微有不同。我們說心靈，或是指心之自覺力本身，或是心所自覺之一切內容。此中可包含人所自覺之各種求眞美善等目的。我們說精神，則是自心靈之依其目的，以主宰支配其自己之自然生命、物質的身體，並與其他自然環境、社會環境，發生感應關係，以實現其目的來說。我們可以說心靈是精神之體，精神是心靈之用。體用相依而涵義不同。心靈可以說純爲內在的，而精神則須是充於內而兼形於此心靈自身以外的。」（《心物》，頁 188～189）所謂「精神活動」在唐先生而言，即是「依於理想目的與價值之求實現，而一方肯定一客觀外在於吾人主觀心理之現實，而感一主觀內在理想與客觀外在現實之相對待；另一方則求實現此主觀內在理想於客觀外在之現實，而克服此對待，使客觀外在現實表現吾人之理想。」（《意識》，頁 30）唐先生在此區分「精神」與「心靈」之不同，從「精神之表現」說文化，而不從心靈或心性之實現說文化，他的意思即是說，雖然人的心性自身是一切文化創造的本原，然而「人若不依此心理能力此目的，以表現爲精神，亦不能創造文化。」（《心物》，頁 189）言文化是一定要表現於客觀社會，成就一客觀的文化表現或文化物的，人必須肯定我以外形色身物等的實在，肯定心外有理、心外有物，如此以生起一客觀的、超越的理想，再將此理想運於身體之態度氣象中，表於動作，形於言語，以與其外之自然環境、社會環境發生感應關係，以使客觀外在現實表現吾人之理想，如此才能顯爲事業、成就文化。

　　西方近代文化之呈現多采多姿的面貌乃是世所認，唐先生分析西方近代文化之所以能如此，關鍵是在其文化的根本精神是一「自覺地求重表現」——「精神先冒出一超越的理想，求有所貢獻於理想之精神活動，以將自己之自然生命力，耗竭顧精神理想前，以成就一精神之光榮，與客觀人文世界之展開。」（《價值》，頁 496）因此，他認「中國文化欲求充實，則必須由其原來重『自覺地重實現』精神中，開出一『自覺地求重表現』之精神。」（《價值》，頁 497）以使原先完全自覺爲內在的精神理想「分別客觀化而超越化，以成一超越而客觀之理想；及自覺地使此理想，表現爲客觀存在的社會文化諸領域、各種社團之組織、科學知識、生產技術、工業機械文明、國家法律，及民主自由與宗教精神等。」（《價值》，頁 499）而唐先生之區別「心靈」與「精神」，重氣重精神之表現以論文化，正是爲此一由「自覺地重實現」開出一「自覺的重表現」之精神，幷供一理論的基礎，以使文化能由本成末者。

第三節　以德性爲中心而全幅開展的人文世界

中國過去的文化大致上可說是以德性爲核心的，以儒學爲主流的中國文化固有其對社會文化的關懷與理想，不過，由於念念在成德，即使是格物窮理亦以證體爲目的，重在即用見體，人從事文化活動的目的往往在逆覺道德本體的存在，文化現象本身較無積極的意義，乃至有「文以載道」、「聖王政治」等主張，視政治爲道德的直接延伸與視文化爲道德的工具。重視即用見體，對「文化」之獨立地位的重視便不足，這使得過去的知識分子較不屑於致力某一特殊專門的文化領域或從事某一特殊的文化事業，使得人文世界未分殊的撐開而導致今日的文化危機。

相對於中國文化，西方文化尤其是西方近代文化，則由其社會學術文化的多端分途發展，而使得其人文世界呈現更爲多采多姿的豐富面貌。不過，西方人獻身於特殊文化領域者，恒陷於偏至的人生文化理想，而不知人文之大全，由偏至成偏執，而蔽陷於一曲，遂不免有以一種文化聲力，凌駕其他，使人文世界趨於分裂，如中世人以宗教壓迫學術，近世人以科學毀謗宗教，以經濟勢力控制政治，及俄國人之以政治宰制文化等。其社會能多端分途發展，卻不一定能平流並進。〔註38〕

由對中西文化的反省，唐先生希望「中國將來之文化，更能由本以成末，現代西方文化更能由末以返本。」（《意識》，頁 6）而西方哲人中康德、黑格爾等理想主義哲學家能於不同文化領域中見同一精神或理性之表現，可謂西方文化中能「由末返本」者；中國儒者中船山重氣以說文化，使六經別開生面，可謂中國文化中能「由本成末」者。因此，唐先生講文化，於西方便「直本於康德、黑格爾之理想主義之傳統。」（《意識》，頁 12）於中國「即直承船山之重氣重精神之表現之義而發展。」（《意識》，頁 8）

由此，唐先生之論文化，便如我們在前二節中所討論的，他主張文化的一本多元論，一面吸收黑格爾、康德之說，致力於說明——不同的文化意識、文化活動的基礎在道德理性，以「由末返本」，使文化的多元統攝於德性的一本，又不失其獨立性，各自成爲一獨立的文化領域；一面承船山之義發展，重氣重精神之表現以論文化，而「由本成末」，以使德性的一本眞實開展出文化的多元，而此「即是爲中西文化理想之會通，建立一理論基礎，而爲未來

〔註38〕 參《價值》，頁 516。

之中西文化精神之實際融合，作一舖路之工作。」(《意識》，頁 6)

在此文化一本多元論的自覺之下，從事任何一運動者要培養超越的胸襟心量，與儒者的誠意與情懷；同時聖賢學問也將不以囊括或排斥其他文化活動的姿態出現，而將以肯定其他文化活動在社會上之獨立地位的姿態而出現。所謂通道之大全，乃只自人之識度與氣量上言，吾人在識度與氣量上通道之大全，並不礙於只求專精於道之一曲，吾人只須不失此識度與氣量，則人各自求致力於一特殊文化領域，分別從事特殊文化活動，即不必招致道術或社會人文世界之趨於分裂之害。〔註39〕

既「由末返本」，復「由本成末」，由此而來的文化理想，即是一個「以德性爲中心而人文全幅開展的世界」(《重建》，頁 45)，此即是唐先生理想的世界，是由會通中西文化理想而有的圓滿教。

〔註39〕參《重建》，頁 29；《價值》，頁 516。

第四章　返本開新說

引言：對五四以來「徹底反傳統」說的反省

「返本開新」是唐先生在五十年左右提出來的主張，認爲「中國人文精神之返本，足爲開新之根據，且可有所貢獻於西方世界。我們又看出西方人文精神亦已有且當有一返本開新之運動，或人文精神之重建之運動。」(《重建》，頁 3）這主張所面對的問題主要是自五四新文化運動以來知識分子的迷思——認爲只有在傳統文化的灰燼上，才能重建中國文化而來。〔註1〕

他對西化論者之以科學、民主爲至上，欲徹底改造中國文化，以造一絕對之新中國之說加以批判，相對於他們之認爲唯有「徹底反傳統」乃能開新，唐先生則主張開新不但不必反傳統，且正要返本乃能開新。由此唐先生被稱爲「保守主義者」。不過，如同大陸學者鄭家棟先生所指出的：「保守主義又是一個彈性很大的概念，在許多情況下，它只有相對於自由主義和激進主義才能得到較確切的定義。」〔註2〕作爲所謂的「保守主義者」，唐先生並不如晚清徐桐、倭仁等之守舊派之堅持固有文化，而與西方文化展開對壘的姿態，他在講返本可以開新外，亦說返本也要開新——而此則賴我們廣度的吸收西方文化思想開拓傳統的文化精神。不過，這個對傳統文化精神的開拓與對西方文化的吸納，在唐先生的思路中乃是必須以「傳統」——中國文化的精神生命爲立足點的，而不同於後期之「現代化學派」之「立基於現在，而對於傳統的資源有所開發，並配合現代，而達到一種創造，並以此創造來轉化中

〔註 1〕 參張灝，《幽暗意識與民主傳統》(臺北：聯經出版公司，1989)，頁 149～150。
〔註 2〕 參鄭家棟，《現代新儒學概論》(南寧：廣西人民出版社，1990)，頁 20。

國之傳統」〔註3〕之只著眼於現代，他走的是「傳統主義」的路子，在此意義下，我們可說他是「保守主義」。

就唐先生整個對「返本開新」的討論來看，乃是偏重在「文化方向」的指出，他說：「誠然，一切綜合，都同時是一創造。一切綜合，都有許多曲折的問題。但是方向如此，是不會錯的。」（《重建》，頁 175）在這個層次立言，使得他「談的大抵是大原則，而較缺乏小方案。」〔註4〕不過，對此我們不宜求全責備，因為如同牟宗三先生所說的：「我們現在當考慮的是我們今天所講的文化建設，到底是就著『文化內容』說呢？還是就著『文化方向』說呢？假如就著文化內容說，那麼社會上的文化活動已經很不少了；假如是就著文化方向講，那麼今天的文化建設就是要上通文化運動，要從文化運動的層面來了解。把文化建設提升到文化運動這個層次，就是要給這個國家、這個民族的活動定一個方向。方向就是指南針、定盤針。定盤針只指示方向，是沒有內容的……我們現代人頭腦最不易了解方向的問題。現代人要求實際、具體，卻不懂得『運用之妙，存乎一心』。……每一個時代都有這種高層次的大問題，解決這些大問題，都要『處以控實』。要了解這四字，才可以指導這個時代。所謂旋轉乾坤，便是『虛以控實』。不是『以實責實』。」〔註5〕至於其間細部的問題，正是有待後學繼續努力的。

第一節　中國文化精神生命之肯定

一、只有歷史的回顧才是突破危機之道

相對於新文化運動的反傳統，一提到「復古」便以之為落伍，唐先生認為「人類的文化之發展，常只有返本，才能開新。」（《重建》，頁 27）

何謂「返本」？人類的歷史恒升降起伏的前進，過去的當然不會再來，唐先生所謂的「返本」，或者說是「復古」，自然不是真的主張歷史的倒退，〔註6〕首先我們可以說它是指「一種對人類之歷史文化之反省的工作」，在這種對人類歷史文化的回顧反省中，肯定古典文化的精神（當然並不否定近代、

〔註3〕 參林安梧，《現代儒學論衡》（臺北：業強出版社，1987），頁 37。
〔註4〕 同註3，頁 15。
〔註5〕 參牟宗三，《時代與感受》（臺北：鵝湖出版社，1988），頁 340～341。
〔註6〕 參《重建》，頁 314：「莫有一個嚮往希臘中古精神之哲學家，會愚蠢到抹殺近代文化精神的長處，而真會主張歷史的倒退。」

現代精神之長），〔註7〕並重新提出來，作爲改造時代的借鑑、指導時代的方針。

　　爲什麼要回顧歷史文化？唐先生說我們對歷史文化回頭一看，即有一反省，「在反省中，人可以在迷途，覺前面似山窮水盡時，再記起所走的陽關大道。在反省中，他可知他是如何走入迷途而跌下，亦即知其如何逃出迷津而重新立起。在反省中，人亦可知其過去曾有無數次之不斷傾跌，而不斷立起，以至不斷向上升起之歷程，由此而可使其對於未來，抱一理想，有一信心，兼知一些我們現在所當作。」（《重建》，頁 133）只有在歷史文化的探索，才是突破危機，開創新生命的保證，觀諸中國過去的歷史，危機時代，往往即是史學興盛的時代，就是因爲危機時代對未來可能性的探索特別強烈，故其歷史意識也愈強烈。〔註8〕爲什麼要肯定古典精神？因爲當人們對當前現實社會文化的種種弊端感到不滿，而回顧歷史文化時，往往會發現「此一弊端，在其另一文化精神之前一時代，則不存在。反之，救治此一時代之弊端之文化精神，恰巧在前一時代，於是便重加以提出，以爲改造現代的文化之缺點，而推進時代向史合理之路上走的借鑑。」（《重建》，頁 314）這就是因爲「由今之道，無變今之俗」（《重建》，頁 308），而傳統卻可以提供一些新的思考角度和方向，可以開展出一些不同的視野，有助於我們解決時代的弊端。

　　熟悉中國歷史的人自然很清楚所謂「返本以開新」不是唐先生新獨創的主張，早在漢武帝時董仲舒就提出了「復古更化」的觀念，〔註9〕而且在歷史上，「復古更化」或者說「返本開新」，往往是較成功的應付文化危機的方式，漢朝的大帝國大體上是照著董仲舒「復古更化」的方向前進而維持了四百年；唐代文化是由古文運動而開啓了文化再生的新機運；宋明儒也是通過推陳出新，而克服了由佛教傳入引起的文化危機，實現了儒學的復興。只不過，這種「返本開新」、「復古更化」的精神在近代卻失落了，晚清以來中國在各方面所受到的空前挫折使得中國人喪失了民族自信心，很自然的懷疑傳

〔註7〕　我們要知道唐先生之肯定古典精神以救今弊，並非否定現代精神、近代精神，而是要我們要有通古今之變的氣概，如此才能開新。至於近代、現代精神的長處當然也是我們要保持的。

〔註8〕　參龔鵬程，《傳統、現代、未來──五四後文化的省思》（臺北：金楓出版社，1989），頁176。

〔註9〕　參《時代與感受》，頁337。

統文化的基本健全性，絕大多數的知識分子不再相信返本可以開新，而求救於佔優勢的西方文化，認為通過「輸入學理」，依照方法及理論的絡繹引介，即可解決今日的文化危機。西方近代自啓蒙運動下的文化思潮正是相信人類文化直線進步，以為人類的前途有著無限的可能性等待實現，而瞧不起傳統有著反傳統的強烈色彩的，因此，中國知識分子受此雙重影響，便走到「反傳統」的路上去，「傳統」與「現代」、「復古」與「開新」便斷為兩截，認為只有在傳統文化的灰燼上，才能重建中國文化，解除今日的文化危機了。

　　然而五四以來的反傳統並沒有解決中國文化的危機，而另一方面，接二連三的世界大戰，卻使得「反傳統」背後的基本假定──文化的直線進化論成了迷信，韋伯的作品中早就流露出他對近代文明的趨向的一些懷疑和悵惘，他甚至曾經說過，當他矚目未來，他所看到的不是夏日的絢爛，而是北極冬夜的荒寒！〔註10〕因此，唐先生要我們重新思索我們的文化方向，認為「事實勝於雄辯，現在不比過去進步。由今之道，無變今之俗，未來亦決不會好於現在。時間的流行，只是滾滾滔滔的向前，亦本來不含價值的意義。」（《重建》，頁308）而「這必經的變態與報復之效用，均在昭示人類文化由反本以開新之大道。」（《重建》，頁28）針對近代中國知識分子向西方求經的心態，唐先生說：「中國知識分子如果仍是以趕上最新的西方思想為貴，我亦可說，二十世紀西方文化思想，從大體上說，正是在力求如何重新著重希臘中世的精神理想，以看人類文化之過去，構想人類的將來。」（《重建》，頁308）斯賓格勒（O. Spengler）對悲觀主義的歷史哲學是希臘人「命運主宰人生之觀念之再現」；桑他耶那（Santayana）的哲學精神，全部不外要恢復希臘人對自然的虔敬和理型的觀照，而反對近代人的浮士德精神與誇大狂；斯蒲朗格（Spranger）的文化哲學嚮往希臘人的和諧；胡賽爾（Husserl）的現象學與海德格（Heidegger）的存在哲學，其思路也都是要返於中世希臘；天主教的新多瑪主義，也成了二十世紀哲學的一大潮流。〔註11〕

二、怎麼看歷史文化？

　　我們可以繼續探討一個問題，唐先生主張「返本開新」，認為由對歷史文化的回顧反省中有助於我們突破危機，晚清尤其是新文化運動以來的知識分

〔註10〕參張灝，《幽暗意識與民主傳統》，頁127。
〔註11〕參《重建》，頁308～310。

子，雖然他們最後歸於要徹底反傳統，要往前看不要往後看，不過，我們也不能說他們完全沒有作「歷史文化的反省與回顧的工作」，事實上，清末以來史學蓬勃、文化討論熱烈，〔註12〕只是他們反省回顧的結果卻是「返本」不能「開新」，在胡適先生看來「駢文，律詩，八股，小腳，太監、姨太太，五世同居的大家庭，貞節牌坊，地獄活現的監獄，廷杖，板子夾棍的法庭」是「我們所獨有的寶貝」，〔註13〕他反省中國傳統文化而得出來的結論卻是「固有文化實在太不豐富。」〔註14〕轉而認為這種文化傳統造成民族心靈的痼疾，乃是現實變革中的最大障礙，因此，出路只有一條，這就是自覺的放棄這個文化傳統，〔註15〕對於傳統他們「積極的只有一個主張——就是『整理國故』」，〔註16〕為什麼要「整理國故」？因為他認為中國傳統裡面充滿了妖魔鬼怪，他的「整理國故」是為了「捉妖打鬼」。〔註17〕

　　為什麼他們回顧歷史文化卻看不到傳統文化的智慧？也許真正的問題是——我們該用什麼態度來對歷史文化作反省回顧？唐先生說：「我們須知，一個歷史觀念，即是一個歷史觀點。一個歷史觀點，即展示一過去之歷史世界，同時托出我們現在的地位，而暗示我們現在當往何方向去。」（《重建》，頁526）大陸學者鄭家棟先生也指出：「『五四』運動時期不同文化派別的分野，不僅是產生于對于中國現實的思考和抉擇，而且是以他們對人類文化及其歷史發展的不同理解為根據的。」〔註18〕五四以來之所以會覺得固有文化實在太不豐富，問題就出在他們的歷史觀上，他們肯定了民主、科學，並對之寄予烏托邦式的期望，於是民主科學成了衡量文化的標準，傳統只是被衡量的客體；加上受西方文化人類學的單向直線進化論和文化普遍主義的影響，〔註19〕一

〔註12〕參龔鵬程，《傳統、現代、未來——五四後文化的省思》，頁108～184。舉例來說，有「古史辨」系統所代表的史學與梁啟超等人所標榜的「新史學」。另參李維武，〈現代新儒家文化哲學初探〉，《中國文化月刊》一一七期，1989，頁36～42。即對清末以來所形成的多次文化論爭略有說明。

〔註13〕參胡適，〈信心與反省〉，收在《胡適與中西文化》（臺北：牧童出版社，1977），頁107。

〔註14〕參胡適，〈三論信心與反省〉，《胡適與中西文化》，頁123。

〔註15〕參鄭家棟，《現代新儒學概論》，頁7。

〔註16〕參胡適，〈新思潮的意義〉，《胡適與中西文化》，頁32。

〔註17〕參張灝，《幽暗意識與民主傳統》，頁162。

〔註18〕參鄭家棟，《現代新儒學概論》，頁9。

〔註19〕參鄭家棟，《現代新儒學概論》，頁10；康丹，〈文化相對主義與普遍主義〉，《二十一世紀》雙月刊，1991年12月第八期，頁68。

方面成「西方中心論」，一方面則成「中國文化落後論」，肯定民主科學發達的西方近代文明，而以沒有發展出民主科學的中國文化爲落伍的文化；另一方面，現代、古代也成了有價值意涵的名詞，凡是現代的即是進步的，古代的即是落後的、要被捨棄的。

　　唐先生則質疑這種看法，他以爲「其實現代與古代之二名，並無價值上之涵義。人祇要稍爲有通古今之變的氣概，便知學術文化上之古今新舊之辨別的重要，遠次於其有價值無價值，眞與不眞，善不善，美不美，適宜與否，利與不利等之辨別之重要。而我們眞要求中西文化之融通，則科學與民主當然要提倡，然而科學與民主以外，亦尚有其他的文化概念與文化精神，對中國未來之文化創造，有同等的重要性。縱然中國過去文化中，比較缺乏科學精神民主精神，然而亦儘有其他的文化精神如道德精神、藝術精神、歷史精神、人文精神值得保存於現代者。這些固有文化精神，平心說，現在一般知識分子，了解得並不夠。實不宜自以爲我生在二十世紀，便天然的勝過古人。科學民主，亦並非唯一的價值標準。」（《重建》，頁 294）我們必須超越這種以民主科學、以現代化來衡量文化的判準，才能眞正挖掘固有文化的精神與智慧。

三、中國歷史文化精神生命之肯定

　　那麼，唐先生是如何看歷史文化的？如果歷史文化只是指以往隨各時代所表現的那些文化現象、文化業績的一個總集、總和而已，那麼這些事實上已經一逝不可復返了，在此意義下，是很難講「返本」可以「開新」的。[註20] 唐先生對歷史文化的理解並不是如此，他強調人的道德主體性，相信人人皆有一眞誠惻惻的仁體，落到歷史文化上來說，便特別強化歷史文化中人的

　　這種理論強調人類文化歷史發展的前進性和發展規律的普遍性，就前者說，它相信文化是一個直線進化的歷程，現在一定比過去進步，未來也將會比現在進步（此乃是借用達爾文的進化論框架）；就後者說，它是一種「文化普遍主義」，肯定所有文化都在一直線上行，「文化一般是一種齊一的、漸進的方式發展或演化的」、「大多數社會都經歷過同樣的發展階段，最後達到共同的終點。」而西方文化正位於此人類文明的最高點，因此它是可以用來判斷任何文明的普遍的價值標竿。

　　西方人乃是出於文化本位的優越感而有此「西方中心論」，中國知識分子則是在近代船堅砲利的危機下，認識了唯有科學技術足以救亡圖存，由認同這些價值而認同「西方中心論」。

[註20] 參牟宗三，《時代與感受》，頁 314～315。

因素，視人類的歷史文化為人類超私欲的理性活動逐漸實現其自己的產物，文化是人精神的客觀表現，由文化所成的歷史，也是一精神的發展史，是人性不斷自我實現的歷程。

這使得唐先生對歷史文化的理解和黑格爾的歷史哲學有其同調之處，兩者都屬於精神發展的歷史觀，都屬「辯證發展的決定論」（dialectical and evolutionary determinism）。〔註21〕不過，值得一提的是，雖然同是視人類歷史為精神的發展史，在黑格爾乃是主張一個由一人自由，至少數人自由，至一切人自由的單線進化的歷史哲學，〔註22〕他強化了德意志的優越性，認為此是世界精神之目的地，而整個中國文化在他看來只相當於人類精神的最早階段，此是唐先生所不同意的。

他要求「將黑格爾式之哲學心靈，由縱的化為橫的，同時將其世界精神之理念，亦可由縱化橫。如此則我們可問他，為什麼我們不當視世界精神，平舖的實現於今日之世界？為什麼我們不當將對世界精神各段表現之普遍的感情，化為對並存於世界之各國的感情，因而望各民族國家與其文化，亦並行不悖，互相取法，以貫通為一現實的世界精神之實體，以使上帝自身平舖的表現於天下，而天下一家？」（《重建》，頁 475）當把黑格爾世界精神的理念由縱化橫，唐先生便不主張單線進化論，而肯定文化系統的多元性（注意：肯定文化的多元並不即是主張文化相對論，因為承認文化系統的多元無礙於承認其間存在著共同的價值）。〔註23〕他認為人類現在尚存而有長遠歷史之文化系統有四個，即西方、中國、印度及回教文化，如作為一整個人類精神或上帝精神之表現來看，它們各有其特殊成就亦各有其限制，因此當互相取資

〔註21〕 參林安梧，《現代儒學論衡》，頁 8。林安梧先生此雖泛指當代新儒家的史觀而言，不過，唐先生尤其是此中公認受黑格爾哲學影響最深者，故本文引來論之。

〔註22〕 參《病裡》，頁 99。

〔註23〕 由於西方文化哲學之發展由西方中心論到承認各民族有各民族的價值系統，其間思維框架的轉變正是由文化普遍主義到文化相對主義，因此給人的印象往往是普遍主義導致西方文明優越感，而相對主義則尊重其他文化，主張文化系統的多元。不過，如康丹先生所說的：「事實上存在既非文化普遍亦非相關主義的立場，……其實相對主義何嘗不可從這種優越感出發。那種將『我們』與『他們』不一樣，因而我們的價值不可用於他們的論調推到極點，已清清楚楚是種族主義了。而文化普遍主義也可出自非優越感，非種族主義，恰出自人類平等主義的觀念。」《二十一世紀》雙月刊，1991 年 12 月第八期，頁 71。從前一章論文化一本多元論的思路下來，我們可以看出唐先生一直是認為文化系統有多元，然並不主張價值的相對主義者。

以開新。〔註 24〕不過，它們各自獨立生長，同樣有一個整體的精神的行程，誰也不只是精神的較早階段。

對於中國文化，唐先生便不同意黑格爾之以整個中國學術文化之歷史只相當於人類精神之最早階段之說，亦不同意黑格爾和斯賓格勒之以中國學術文化至漢即停滯不進之說，和湯恩比以中國後來文化爲大乘佛教所支配的說法，〔註 25〕而肯定中國之歷史文化，亦是繼續不斷的一活的客觀的精神生命之表現，乃無數代的中國人，以其生命心血寫成，有一貫的理想與精神在貫注，而成的一活的生命的存在。〔註 26〕「中國文化之『精神』，乃一眞實不虛之存在，乃貫注於中國過去歷史中，表現於中國過去文化，亦貫注於中國當前之現實之歷史中，而必再表現於中國未來之形成之一大力。此『精神』從未衰微，亦永不會衰微。其流行與運動，可以有曲折，有波瀾，而表現爲好好壞壞的形態。然而在本質上，則只是在求充實自己，而完成自己。」（《重建》，頁 261）

既然視中國歷史文化爲有一貫的理想和精神在貫注的客觀的人類精神生命之表現，新文化運動以來的「反傳統」的態度，不管在情在理說都是唐先生所不贊成的。在情說，既然中國傳統文化是無數代人用生命心血寫成的，那麼他以爲我們應以「同情」和「敬意」，以「努力使此客觀的生命精神之表現，繼續發展下去。」（《花果》，頁 134）而不是「反傳統」，因爲「從此看，則祖先之生命，即我之生命，祖先之文化精神，即我之文化精神，我何忍踐踏它？」（《重建》，頁 132）

在理上說，唐先生對「傳統」的理解毋寧是較近於伽達瑪（Gadamer）在《眞理與方法》一書中所指出的：「人在理解時有一種界域（horizon），構成了我們理解的背景，這個界域不只是未來的可能性而已，它同時是由過去的歷史傳統所造成的。歷史傳統是吾人所以能立足於世界，向這個世界開放的唯一依據，我們之所以能理解，不是只對未來可能性的展望，而根本是由於眞理在過去的傳續使我們有一立足點。」〔註 27〕人是根于歷史而展向未來的，我們在理解時都有一個由歷史傳統所形成的「界域」，這使得我們的存在

〔註 24〕 參《重建》，頁 522、560。
〔註 25〕 參《重建》，頁 525。
〔註 26〕 參《花果》，頁 132～136。
〔註 27〕 參龔鵬程，《傳統、現代、未來──五四後文化的省思》，頁 176，另參沈清松，〈詮釋學的變遷與發展〉，《鵝湖月刊》九卷三期，頁 22。

不可能和傳統撇清關係，一個歷史傳統或是說是文化系統，是不可能被任意丟棄的。〔註28〕因此，唐先生說：「一個孤零的個人，與民族生命文化生命脫離之個人，自始未嘗存在。」（《重建》，頁 131）蓋傳統是群體的記憶，人是生活在記憶中，靠著記憶，我們才能有自我瞭解、自我認同的能力。因此，失去了記憶，人是否還能正常地生活便很成問題。同樣的，一個社會，徹底地抹殺了傳統，是否還能健全地運作也成問題。〔註29〕由此他檢討「過去數十年之提倡富國強兵之說者，提倡科學提倡民主者，均欲以富國強兵為至上，科學為至上，民主為至上，以徹底改造中國文化精神之他方面，造一絕對的新中國。然而都一一失敗了。這失敗，是由于中國文化之精神，乃直接貫注于想否定中國文化精神者之生命心靈與意識之底。你要徹底否定之，只是你的意識、你的觀念。然而你的存在之自身，自你要否定它的意識之底，逐漸透露出來，以使你終於不能否定它。」（《重建》，頁 279）以胡適先生和殷海光先生為例，五四前後胡適雖採取徹底反傳統主義的立場，不過，值得注意的是這一段時期，他的思想仍含有濃厚的傳統的影響，如寫〈不朽——我的宗教〉一文即是例子；以其「整理國故」來說，張灝先生以為這並不像他表面說得那樣簡單——是為了「捉妖打鬼」，胡適的家鄉是皖南績溪，此是清中葉以來的漢學重鎮，他早年難免受到漢學考據學風的薰習，此是他一生偏愛傳統考據學的一個重要原因。〔註30〕至於殷海光先生，他自認是五四後期人物，以繼承五四自期，大半生信仰西化，反對傳統，然而到晚年則有一種「近代化的迷惘」，開始在認知上、情感上，乃至基本價值上肯定「傳統」的重要性，〔註31〕透露出來的即是此種訊息。

〔註28〕 西化論者接受文化單線進化論之「落後民族的文化只是處於發達民族文化演進的低級階段，文化的特質可以通過單純的傳播從一個社會擴展到另一個社會。」（參鄭家棟，《現代新儒概論》，頁 10）因此，胡適先生相信透過「輸入學理」即可「再造文明」（參〈新思潮的意義〉）。勞思光先生批評這「預先假定了（presupposed）一個文化系統可以隨意丟掉，一個文化系統完全消滅另一個系統是應然的淘汰過程；他們不了解文化的綜合進程。」（《哲學與歷史》，頁 25，時報，1986）

〔註29〕 參張灝，《幽暗意識與民主傳統》，頁 161。

〔註30〕 同註 29，頁 161～162。

〔註31〕 同註 29，頁 189～199，〈一條沒有走完的路——為紀念先師殷海光先生逝世兩週年而作〉。另參金耀基先生，〈殷海光遺著《中國文化的展望》我評〉：「……從他的字裡行間，已不難嗅到他在企圖擁抱中國文化生命情調的高貴質素。」（見殷海光，《中國文化的展望》附錄三，臺北：桂冠圖書公司，1990

第二節　返本可以開新

一、論中國今日之亂不代表中國文化精神之喪失

　　由此來看百年來西力衝擊下的中國文化，唐先生認為所謂中國傳統文化由衰微到沒有，已經不足以應付時代的危機（五四知識分子即主要根據此近世的經驗，而懷疑傳統文化的基本健全性），這只是歷史的表象；他認為我們如從更深的眼光，或者說是從一超越的眼光來看，中國傳統文化精神並不是真的衰微喪失，「所謂數十年來中國文化衰微到莫有，與政治混亂本身，亦即為此『精神』之求充實自己與完成自己時一種宜有的一階段之表現。此精神在外表看來，似已無力，而實潛在一大力，冥權密連，以主宰中國之前途。如浩浩長江水，任上面船舶往來，風吹雨打，仍無聲息的流。其對世界之一切反應，皆根於其自身之要求。而其流行的方向，亦可說客觀地規定在那裡。」（《重建》，頁 261）整個新文化運動對外來學術文化的一廂情願，乃至不惜貶斥自己歷史文化的精神，正是中國人固有的世界主義精神之表現；中國數十年之受侵凌，學西方科學民主未學好，均由中國文化精神之牽掛，以科學來說，唐先生以為中國科學提倡了數十年仍不發達，是由於科學家從政而造成精力的浪費，而這則是從中國傳統之士人以天下為己任的觀念來；甚至是中共之勝利，也是由中國文化精神的世界主義和超階級的精神支持了它的產生，中國青年之嚮往共產主義，實以此二種精神意識為主因，〔註 32〕中國今日之亂，並不代表中國文化精神之喪失，唐先生認為，中國文化精神未嘗真喪失，仍有大力主宰著中國的道路，中國近來的混亂與矛盾衝突，「乃其要求更高的配合和諧之要求之力量存在。而由矛盾衝突至配合和諧，即將使此力量化為更向前發展進步之力。如瀑布落到江中使水花四濺之力，即轉瞬變為更迅速的、和諧的順流而下之力。而其順流而下，仍依著江水自身之方向。」（《重建》，頁 280）在此一「辯證發展的決定論」的歷史觀看來，一切的矛盾衝突都是精神之要求更高的發展、更高的配合和諧而有的，我們不應由矛盾

年 4 月，頁 797～798）

除殷海光先生外，清末諸老之早年消極的批判中國文化傳統，不大看得起中國文化與儒學，而「太炎晚年，亦悔其早年之論。蘇州講學時，更歸平實通達，更尊歷史，重儒行。嚴又陵先生在民國十年與熊純如書，亦悔悟當清末時，彼與當時人之思想之本原不清。」（《重建》，頁 124）皆值得深思。

〔註32〕 參《重建》，頁 265～268、275。

衝突而喪失對自己歷史文化的信心，相反的，唐先生以為「中國數十年之混亂所表現之一切文化意識上之矛盾，皆可由中國文化精神之自覺的充量發展，而加以化除。」（《重建》，頁281）「而中國當前問題的解決，亦即至少有一部賴於對此潛在之精神之大力或要求方向，能深度而兼廣度的加以認識或自覺，并對之生一信心。」（《重建》，頁261）

　　唐先生這整個對中國歷史文化精神的說明，一如林安梧先生所指出的：「在這些作品裡，他們的確透過自己的悲心願力照亮了整個中國的歷史，也匯通了所謂中國歷史文化的精神。但無可否認的，他們所談的，偏重於對歷史的哲學理念與信仰意願，而往往忽略了所謂的『歷史』。或者更清楚的說：他們的『信仰意願』高過於『歷史意識』。」〔註33〕而其之所以偏重在此「信仰意願」立言，實有其提攜人類精神的苦心孤詣，因為「如果中國民族之文化精神，竟已完全喪失，則所謂文化之復興，即無從下手。而中國人既如此無能，而全不能保存其原有之有價值之東西，則我們亦可以懷疑他有能力以接受外來的有價值之東西。」（《重建》，頁261）

二、中國文化之返本主要賴重生清以前的儒學精神

　　既然中國文化精神未嘗喪失，且仍有大力主宰著中國的前途，我們可以繼續追問中國文化至少在表面上何以至此？何以今日中國遭遇如此之禍害？唐先生對此問題的回答是：「我們今日中國所遭遇之禍害之根原，遠的姑且不說，近的則一方原於中國此三百年之學術精神之降落，一方原於西方資本主義帝國主義與極權主義之侵略。」（《重建》，頁7）後者是外緣，即所謂的「西力衝擊」，前者是內因，是中國文化生命內部的問題。

　　唐先生在〈中國清代以來學術文化精神之省察〉一文對這中國文化生命內部的下降之路做了說明。由於早年立本明體的工夫使唐先生深契於宋明理學家如陸王之吾心即宇宙、朱子理先氣後等近乎今所謂唯心論的本體論與理想主義的哲學，他認為從整個文化精神上看，一個時代的人，崇尚此種理想主義或近乎唯心論的思想，至少表現一真正向上的自強不息的精神，人在能以理想領導行為的時候，理之所往，氣即隨之，便直覺一理先氣後而人在真自尊自重時也絕不會貶抑精神與心的重要性，所以黑格爾菲希特倭鏗與斯賓格勒都以唯心論理想主義為盛世之音。由此來看清代顏李焦戴哲學之反對理

〔註33〕參林安梧，《現代儒學論衡》，頁8。

學家那一套講理氣心性的哲學,而更接近今所謂現實主義實用主義與自然主義,此似更合常識更實用,然在文化精神上恒表示一精神的降落,且戴焦等念念在安頓社會民生,精神只是橫的平面的,他們在異族統治下,不能眞談政治、民族國家、民族歷史文化之統緒,以發展出立體的縱的精神,唐先生認爲此和宋明儒之「自覺的求樹立民族眞生命,民族文化眞生命之精神」相比,即降了一格。〔註34〕

以後的訓詁考證之學,唐先生認爲純考證家的精神限在文字,又降了一格,從事此種工作,除學術上之價值外,無對精神本身之價值,說道在古人書,以詆宋明理學,無形中斲喪了人自動思想的精神、狹窄了學者的眼界胸襟,使學術成私人事,不能樹立民族之公共精神。〔註35〕

清末諸老以才情逞幻想,局面雖較開展,然不免趨于浪漫,開始鄙棄過往文化,只有橫的一切個體平等與企慕將來的社會意識,而不重積極發揚充實民族之生命力精神力,及凝翕分散的個人的普遍原則的建立,亦無對民族、文化生命的客觀存在積極的加以肯定,承先啓後以建立一頂天立地的國家之意識,因此終不能凝翕民族之精神以建國。〔註36〕

新文化運動雖講民主科學,求補中國所缺,然侈言對一切價值重新估定,雖有解放思想之功,然不在深處立根基,逐漸流于輕薄放肆,順勢所趨,終于培養出一些視人如物的唯物論者,既無中國歷史文化意識,亦不重民族生命文化生命之貫通的發展,反而膜拜馬恩列的共產主義者,此與宋明理學家之視人如神,視物如有情,與對民族生命文化生命的全部肯定相較而論,正好是由全正走到全反的極點。〔註37〕

唐先生在此做了一個後設性的反省,他認爲「我們如果再縱看此三百多年之學術文化精神,我們又發現一特色,即此一切學術精神,幾都原來即是由外力立迫而生之反動。」(《重建》,頁 129)明末清初反理學只因痛心明之亡;埋首考證註疏只因清廷不容人自由講學;清末諸老反儒學與新文化運動者之反中國文化,同是感外力壓迫,怕落伍、不能生存;五四運動與國民黨之革命是對清與帝國主義之反感;共黨是對英美與國民黨之反感,這一切從反感生的精神,皆無正面積極之力,皆只是被動的,隨刺激來亦隨刺激去,

〔註34〕 參《重建》,頁 114~119。
〔註35〕 同註34,頁 119~120。
〔註36〕 同註34,頁 121~124、128。
〔註37〕 同註34,頁 128。

隨所反者之不存在而自身亦即無力，終歸於再被否定，而這一切反感的後面，唐先生以為此自有其正面的積極的要求，「中國三百年來之學術文化之發展，自有一潛伏的真正的正面積極要求。此要求是什麼？此正是宋明理學家，所念茲在茲之如何貫通的發展民族生命文化之精神使命。」自清統治中國起，此精神使命壓伏在中國心靈之後要求伸展而伸展不出，顧是有種種自怨自艾向外求救的變態表現，漢學家以為道在古人書，責宋明儒為師心自用，即人不信任自己而向古聖人求救的開始，由此到清末幻想未來世界、新文化運動以後，一面倒向西洋文化求救、共黨向俄國求救、都是同一個精神背景下來的，〔註38〕這一步一步皆有其「歷史的必然性」。

　　三百多年來中國學術文化精神表面的下流之勢，到共黨在中國的勝利，唐先生以為這已是由全正到全反的極點，而依照辯證發展的歷史哲學的信念——「人類文化與學術思想之發展，來都是在艱難中求奮鬥，迷津中求出路。道高一尺，魔高一丈是常事。但魔高一丈，道亦可再高十丈。光明與黑暗，對照而顯……人知魔是魔，便會去求道。一切反面的東西，必再被反。這是依于人性總是要向光明向道的必然。」（《發展》，頁39）到全反的極點，便會有全反之反，而此則賴我們自覺此三百年來中國文化精神所潛伏的真要求，因此，在唐先生看來，中國文化今日的返本開新之道，「舍重光三百年前儒者全正之道，其誰與歸。」（《重建》，頁132）

三、宋明儒以外文化精神之肯定

　　針對三百年來中國學術文化精神的降落，唐先生認為今日的返本開新之道首賴重生宋明儒的精神。然如林安梧先生所說的：「他既肯定了心性之學乃是中國歷史文化之精髓，並以此來詮釋中國之歷史文化。但這並不即是說他祇以心性之學來涵蓋歷史文化，而無視於歷史文化中其他各個面相的重要性。」〔註39〕唐先生正是要「於整個的人類歷史中，於當下的人間社會，都看見光明之逐步的實現，而在未來看見更大的光明。」（《重建》，頁189）強調對價值的全幅肯定正是唐先生哲學的特色之一。〔註40〕

〔註38〕同註34，頁12～131。
〔註39〕參林安梧，《現代儒學論衡》，頁33。
〔註40〕此可參《重建》，頁186～189。唐先生之終生反對唯物論，理由之一即在「在一共產天國之理想中，莫有對有情的人間，莫有對人文、人格、自由、民主、歷史、神靈、可親的自然、國家、家庭、價值理想等之積極的肯定。」而歸

在〈中國人文精神之發展〉一文中，唐先生即明言：「對于中國傳統的人文精神如周代的『禮樂精神』，孔子之重『人德』，孟子之重『人性』，荀子之重『以人文世界主宰自然世界』，漢人之『歷史精神』，魏晉人之『重情感表現之具藝術的風度』，唐人之『富才情』，宋明人之重『立人極，于人心見天心，于性理見天理』，清人之重『顧念人之日常的實際生活』，這些精神，皆可互相和融，互為根據。我看不出其不能保存于中國未來文化中之理由。」（《發展》，頁 40）此外，在〈中國文化之原始精神及所經歷之挑戰與由回應而形成之發展〉一文中，唐先生由湯恩比之「挑戰」與「回應」的觀點回顧中國歷史文化的發展，亦認為我們現在要回應外來之帝國主義之侵略，及「西方文化流入」與「清以來之中國人之生命之內在病痛而疲軟無力」之內憂外患所合成的「大挑戰大魔難」，必須綜合秦漢以來中華民族「對外來之民族侵略」、「外來的文化流入」、「自己生命之內在病痛」三種挑戰的三種回應方式，即認為除了「學宋明儒之對內在生命的病痛的反省，而以生命的學問、精神修養的學問」之回應方式以救活清末以來信心喪失之病外；「中國隋唐之接受佛學，而更超化印度佛學，轉化印度佛教」的回應方式，正是我們今日要接受所遇的世界文化之有價值的部分，而要超越之轉化之所可以學習的；至於中國民族生命之現實的存在於中國，則須有一對抗他民族侵略的民族主義精神，與相當的武力、經濟力，此秦皇漢武對抗夷狄入侵的回應方式亦值得學習。〔註 41〕中國文化要返本開新正須綜合這些各時代的特殊的文化精神，承載過去至今歷史文化發展的一切成果，「此中所綜合的，皆只是中國民族在秦漢，在漢唐，在宋明之所無表現，故此綜合之事，只是承先，繼往。但此綜合之自身，則是新的，而為的是啓後開來。」（《病裡》，頁 97）

不過，雖然中國歷史上各個時代所表現的文化精神各有其特殊的價值，

於要「以絕對的肯定，代替絕對的否定。」

不過，要再進一解的是，唐先生對價值的全幅肯定之精神並非是平面的，而是有層次的，是如他在《生命存在與心靈境界》後序中所言的「為吾以世間除無意義之文字之集結，與自相矛盾之語，及說經驗事實而顯違事實之語之外，一切說不同義理之語，無不可在一觀點之下成立。若分其言之種類層位，而次序對學者之問題，而當機說之，無不可使人得益，而亦皆無不可說為最勝。由此而吾乃有會於中國佛家之判教之論，於佛經之一一說為最勝之義，而似相異相反之言，莫不可會而通之，以見其義之未嘗相礙。」（《心靈》下，頁 481）

〔註41〕參《病裡》，頁 96、97。

皆是我們欲爲中國民族啓後開來所需保存的，但是唐先生以爲「情感或才情之發抒及人日常生活之安排，如眞要求合理，而表現人文價值，以助人德性之養成，必須賴于人對人之天性與本心，有切實之覺悟。故孟子與宋明理學之中之心性之學，吾人必須對之先有認識，而發揮光大之。否則我們無論講中國過去或未來之人文思想，皆爲無根之木、無源之水。」（《發展》，頁 40）而且人要接受文化、創造文化，首先係於生命主體之健康充實而有力，無內在的病痛，中國百年來的災難，在唐先生看來「一切的毛病，還是出在百年來中國知識分子之在精神上、意識上、心靈之所嚮往者上，不能頂天立地而站住。因此而不能通古今之變以安其常。不免在中西文化相衝擊下，偏偏倒倒，以至隨波逐浪，沒頂漂流。」（《重建》，頁 289）因此，唐先生認爲中國文化之返本主要賴重生宋明儒精神，以其生命的學問、精神修養的學問來成就生命主體的信心，以救清末以來信心喪失之病，乃當前之最迫切者。

第三節　返本也要開新──兼論西方文化的返本開新

一、返本也要開新

「人之所以異於禽獸，即在其有自覺的回憶，而不斷融所回憶者於當前之經驗，以增生命之厚度，於變知常，在時間之流中，站立起來，人要爲仁人，必先爲孝子，不愛自己父母祖宗而愛他人者，未之有也，無承擔自己祖宗所遺之文化精神，而能吸收他人之文化精神者，亦未之有也。」（《重建》，頁 295）中國文化要有前途，那麼必須有待於我們在縱的方面繼承中國傳統的文化精神，唯有返本乃能開新。不過，我們要進一步說明的是唐先生並不認爲我們能一成不變的搬用傳統思想，即使要復古、要重生宋明儒精神，也只能「接著講」、而不能「照著講」，因爲「現代社會文化生活之不同於往昔，是一不容否認的事實。」（《發展》，頁325）尤其是在近代西力衝擊的背景下，認爲中國固有文化有所不足，而必須向西方文化學習已是時代的共識，唐先生返本開新說的主張除了講返本可以開新外，另一個意思便是返本也要開新，他以爲「中國未來立國之文化思想，必須有待於吾人一面在縱的方面承先啓後，一面在橫的方面，作廣度的吸收西方思想，以爲綜攝的創造。」（《重建》，頁 298）這使得唐先生的「保守主義」不同於晚清徐桐倭仁的守舊派之堅持傳統理念而與外來的文化質素展開對壘的型態。

　　問題是要如何才能成功地吸收接引這一新的文化元素？在唐先生的思想中首先是要從中國傳統人文精神之開拓著手，他說：「我們之用心，是意在成立一方能承繼中國傳統之人生道德精神，一方亦開拓此精神，以應合於現代社會文化生活，是很明白的。」（《發展》，頁 325）「對中國當前之文化思想之樹立，一方是要承繼傳統之人文精神，一方是開拓此人文精神，以成就社會人文之分途發展。」（《重建》，頁 11）

　　為什麼需要開拓中國傳統人文精神？前面我們雖提到要救治清以來學術文化精神之無力，我們必須重生宋明儒精神以接上中國文化之正流，不過，宋明儒精神在唐先生看來有一不足，那即是對社會文化的重視尚不足，他說：「後來之宋明理學家，則恒不免限反求諸己之義，於個人之已往行為之反省，與內心中之涵養省察。此種鞭辟近裡之功夫，固為我們所不當忽。然他們或不免忽略人之向自然、向他人、向社會之一切外求之活動，各種社會文化性之活動之重要。因而他們亦或未知一切通常所謂求諸外之活動，及各種社會文化之活動，只要真為人自覺為合理性者，皆當一一加以應許，亦當肯定其皆可與反求諸己之精神不相礙，以擴大己之內容，與反求諸己之精神之內容；則其反求諸己之教，亦足致一般人之心靈生活，陷於枯萎與局促，而僵化於與『外』相對的『己之內』。」（《發展》，頁 318）為何宋明儒會重視人心靈的向內凝攝，而較不重視文化的表現？唐先生在《中國文化之精神價值》之對中國文化之回顧與前瞻處，對此提出一個整體的文化精神之發展的說明，他說由於「唐廣開疆域，以與世界交通，文藝盛才情而富華采，宗教致廣大而納眾流，中國文化精神之氣，膨脹至極，外拓展而中反空，故終衰散於晚唐，頹敗於五代。」由此「宋明理學家講學於唐五代後，民族元氣衰散之餘，不得不重收攝以立極，暫薄霸術與功利。蓋感於如以薄弱之氣，而唯務外洩，虛張聲勢，徒益速其亡也。」（《價值》，頁 554～555）我們雖說清儒大本不立，由於清以來學術精神之無力而導致今日的文化危機，不過，舍表面以觀底層，清學之重分、重「學必期於專精」，未嘗不是由宋明儒精神之未能彰文化的全體大用而來，自明末諸儒以來，如黃石齋、朱舜水、顧炎武、黃梨州、王船山，即「皆志在立極，由道德之實現，而重社會文化之表現。」（《價值》，頁555）因為有此不足，中國文化要返本開新必須「賴儒家精神之重新自覺。在此自覺中，聖賢學問將不以囊括或排斥其他文化活動之姿態出現，而將以肯定其他文化活動在社會上之獨立地位之姿態而出現。」（《重建》，頁 29）通過

此中國文化精神之開拓以成就社會人文之分途發展，「由此即可自覺的建立科學爲一獨立之人文領域。由社會人文之分途發展而有各種社會人文組織，即可爲民主自由之實現的條件，同時爲富強的國家之社會基礎。」（《重建》，頁11）由此即可接引西方文化中的科學、民主、自由等精神。

　　爲什麼接引此一新的文化元素要從開拓傳統文化精神著手？這可以說是由於對歷史文化中「精神」的肯定，使得唐先生是以一種「整體論式的基點」〔註42〕來看此問題，而不同於早期西化論者之「返本」與「開新」（或者說是「傳統」與「現代化」）斷爲兩截，爲追求民主科學之發展而鄙棄中國固有文化；也不同於中體西用論之認爲西方文化有用無體，中國文化的危機只是屬於純粹物質和操作層面的問題，即以問題出在用而不是出在中學的體，而期望透過一種「原子論式的拼湊」來結合中學和西學；〔註43〕既然文化有其精神生命，那麼，要成功的接引西方文化，不能只是作一種橫面的移植或嫁接，而必須使之在中國文化的生命體中有其根，是自內部生長出來的，中國文化既然沒有發展出民主科學，那麼首先便須從文化精神之開拓著手。

　　不過，由於文化中的「精神」在本質上「只是在求充實自己，而完成自己。」（《重建》，頁261）所謂「傳統」在唐先生看來本來就是開放的，我們在與西方文化精神對照下發現傳統人文精神有所不足，而要求在承繼傳統以外復要有所加以開拓，這同時即是中國文化精神依其本身之不斷充實自己而完成自己的要求，所應當伸展出來的，「常道不廢江河萬古流，非靜而不動，乃黃河九轉，依舊朝東，日趨廣闊浩瀚。故人不可不隨時，以開拓此道，開拓正所以承繼也。」（《價值》，頁552）就此而言，「吾人之接受西方觀念，正所以完成中國人文精神之發展。」（《重建》，頁11）

二、復歸太和

　　固然我們除了繼承傳統人文精神外，還要開拓此精神以接引西方文化，然如曾昭旭先生所說的：「這道德主體（案：此道德主體乃是指民族的歷史文化之體）當承受時代的挑戰而毅然自我開放，以期能成功接引進一新的文化

〔註42〕　參林安梧，《現代儒學論衡》，頁35：「由於從整體論式的基點看歷史文化，故新儒家免去了一種原子論式的拼湊。」

〔註43〕　大陸學者往往把新儒家的思想性質歸屬於「中體西用」的範疇，雖然同樣是「推崇中國哲學文化，主張以中學爲主導融會西學的理論學說」，不過二者事實上是有相當大的不同，關於此鄭家棟先生已作了不錯的分析，可參鄭家棟，《現代新儒學概論》，頁17～22。

元素或文化精神，乃至不惜冒自我崩解之危之後，他畢竟還是要再度自我統整，以復太和。而在這統整的努力中，如何安頓這新的文化元素或精神，使之能充分融入原來的生命文化體中而絲毫不生矛盾扞格，便是一最大的使命與難題。事實上這也是當代儒者最大的事業，即安排諸文化元素，以期『萬物並育而不相害，道並行而不相悖。』這才是所謂化自然秩序爲道德秩序。而在當代，便是如何將科學與民主的精神導入中華文化的母體中，使之相融而不相悖的問題。在這層次，便不是精當分析以認知一事物的活動，而是出入於諸事物間斟酌權衡出彼此分際的活動。唐先生在文化上之所關懷正是如此。」〔註 44〕因此，在唐先生看來「中國當前之文化思想之問題，乃在如何自作主宰的把西方傳來之科學知識、國家觀念、自由民主之觀念，融攝於中國之人文思想中，以銷除、融解由中西文化之衝擊而生的中國人思想上精神上所感之矛盾與衝突。」（《重建》，頁 10～11）以及他之寫《中國人文精神之發展》說：「至對如何發展中國人文精神，以與科學、民主建國、及宗教思想相融通，以重建吾人之道德生活，更爲本書所特用心之處。」（《發展》，頁 1）都是顯示出此一統整的努力。

　　因爲主要的關懷在如何將新文化元素導入文化母體中以復歸太和，因此，唐先生便以一種「位育萬物，安排諸義的精神」〔註 45〕到處較論中西文化，如其在《中國人文精神之發展》中論科學與中國文化之關係，他所關心的便不只是在中國文化如何開展出科學，而是在如何使中國文化中科學發達外，還要「使中國文化與科學眞正交融而不相爲礙。」（《發展》，頁 98～99）他一方面講「中國文化之忽視科學的理智，與科學知識技術，則爲使中國文化中之仁教，不能眞正伸展開拓，而完成其至高之發展，而或使中國人反淪爲大不智者，由是而我們如眞愛護中國文化，與其中之仁教，對比（案：當爲「此」誤）仁教本身有仁心，而望其不毀，則不能不依仁以求科學之智，而此又正爲表現吾人之大智者。」（《發展》，頁 16）一方面則論科學的理智之限制，認爲「科學在人文世界與人生經驗全體中，有他的確的限制，而科學態度與科學知識之應用，必須有爲之作主的東西。這個東西，最後應歸到人之仁心。否則，科學的應用，必爲人類之生物本能，或權力意志所主宰；而且往而不返的科學的理智分析，亦必導人墮入無底止的懷疑主義與虛無主

〔註44〕參曾昭旭，〈唐君毅先生與當代新儒學〉，《鵝湖月刊》第十七卷二期，頁 23。
〔註45〕同註 44。

義。」(《發展》,頁 120〜121)而歸於「人文可涵蓋科學,而科學不能涵蓋人文。」(《發展》,頁 122)又如他在《人文精神之重建》中論自由,重點亦擺在對中西文化思想中自由觀念之會通上,由分析自由之涵義,而將此各種意義排成一不同深度之層次,由此作爲衡量西方各種自由理論之深淺的標準,〔註 46〕一方面承認孔子思想中並無今日所要求的西方近代之自由權利之觀念,認爲我們必須學習西方人權觀念之價值,不過,同時又致力於說明孔子思想無與之不相容處,且從另一方面看,「孔子與後儒之思想,皆可是西方個人權利之理論之最後的保證。」〔註 47〕而歸於見「孔子之自由精神,實在原則上,足以涵攝一切人類可貴之自由精神。」(《重建》,頁 367)等等。由這些思路,我們可以看出唐先生的用心是希望透過中西文化間的對話,斟酌權衡其間的分際,而將之融攝於「傳統」——中國歷史文化的精神生命體之中,以復太和。

　　再進一步說明的是,由中國傳統文化精神之開拓,以融攝西方文化思想,到復歸太和,此歷程固可說是不離仁心一步,如唐先生所說:「吾人乃一步未離『尊人文』、『以義斷是非』之中國文化精神本源一步。」(《價值》,頁 518)不過,經此辯證的發展以後,要說明的是它無不是回到原點,〔註 48〕而是完成了中國文化精神的更高階段的發展。

三、略論西方文化返本開新之道

　　唐先生論返本與開新,站在我們中國人的立場而言,乃以中國歷史文化爲主爲本,這並不表示他不清楚當今時代的文化問題具有世界性、全面性。不過,在唐先生看來「問題雖然是世界性的,但是不一定要拿世界主義來解決世界性的問題。因任何時代各個民族,還是各有它的特性。我們還是要注重和保持民族的特性。至少在我個人就沒有希望印度人一定要中國化,各個民族能發揮他自己特性的優點和文化的優點,我們中國人都是欣賞的。……『我是什麼』是一個問題,『我欣賞什麼』又是一個問題。各民族之文化能各『是』其自己,保持其自己,而互相欣賞,便可去掉世界性的文化衝突。所

〔註46〕 參《重建》,頁 330。
〔註47〕 同註 46,頁 372〜373。
〔註48〕 孫善豪先生即由於不解唐先生之納方於圓以復歸太和,並非回到原點,故動輒批評唐先生爲「主體化約主義」。(見其〈對當代新儒家的實踐通之探討(上)——唐君毅哲學中之實踐問題〉,《哲學與文化》第十三卷第十期)

以今天的文化問題是世界性的，但是不一定要世界主義來解決問題。」（《中華》下，頁 22）

　　我們論返本開新說雖把重點放在論中國文化的返本開新，不過，唐先生除了論中國文化的返本開新外，在《人文精神之重建》之〈西洋古典文化精神之省察〉、〈西洋近代文化精神之省察〉及〈論接受西方文化思想之態度〉諸文亦對西洋文化的返本開新之路略作交代，基於前面所說的民族特性的考量，在他看來，西方文化之返本開新自然是要以西洋文化為本的，簡單地說，唐先生亦著重在說明西羊文化精神之一貫而連續的發展，不贊成西方近代精神中之反傳統與文化直線進步論，我們在第一節已提到這種史觀在接二連三的世界大戰後已成迷信，不過，他並不由此而對西洋歷史之前途取悲觀的看法，而「相信人類文化中之西方文化，依其本身發展的理則，亦應當有其前途。」（《重建》，頁 134）然西洋文化要自拔於目前之漩流，以開拓新局，並不能只順近代文化精神中對自由、民主、進步、科學、工業、征服自然等一切的相信，即能解決問題，而必須要復古，返本乃能開新，即還須要包含一希臘中世精神的復活，才能解決問題，「必須一面保持近代精神，而一面由自覺古典精神，而真涵攝古典精神中之深度的向上提之超越精神于其內。」（《重建》，頁 174）由近代精神與古典精神之相融通，西洋文化精神可以有一更高的綜合而達到一更高的階段。

　　除了回念古典精神以外，唐先生以為西洋文化還須「同時與東方之印度中國文化之精神之相合」（《重建》，頁 135）在唐先生看來「西洋文化之缺點，本來在希臘人之尚智即過于美，其樂教實亦不夠。基督教之仁教，則病在人心天心相距太遠。各時代各地域之西洋人，恆一往向一方用力，而割裂道術之全，因而處處造成對待相抗之局面。」（《重建》，頁 175）因此，西方文化雖極能顯精彩，不過在他看來西方文化卻至少遭遇兩個根本問題「此一為如何保持西方文化之悠久存在之問題，一是如何真獲致人類之和平相處之問題。這兩個問題，都不如人初看之簡單，而是非常的深遠。我們真深入此二問題，便知西方文化如要再向上一著之發展，當接受東方文化之智慧。」（《重建》，頁 429）此方向亦是順西方文化本身發展的理則所應當有的，因為順著前所云之西洋古典精神與近代精神綜合，乃是「則可並補其仁教智教之所不足，亦更接近中國儒家所謂內聖外工之道之全。」（《重建》，頁 175）西方文化之自我開放而接受東方文化之長，亦正是完成其本身之充量發展者。

　　唐先生說：「人類之創世紀，不僅係東西人文精神之會通，亦係於近代精神現代精神與古典精神之融合。爲世界性之眞正文藝復興。」（《重建》，頁 18）由中西文化精神的返本開新，各自獨立生長，肯定其歷史文化的傳統、繼承其傳統、開拓其傳統，而且互相取資以開新，這在唐先生看來是眞正應付今日世界性的文化危機之道，而且這不僅可應付今日文化危機，同時「這將形成人類文化之一大諧樂」（《重建》，頁 135）是「西方文化與中國文化並行發展，以形成世界文化之新生之一當然且必然之一前途的方向。」（《重建》，頁 175）

第五章　論中國文化之精神價值

引言：爲什麼要特別闡揚中國文化之價值？

　　我們在第四章返本開新說中提到五四以來的「徹底反傳統」之風，五四以來的知識分子「本其所知於西方之學術思想者爲標準，以肆意自詆，浸至視數千年之歷史文化學術，無一是處。」（《花果》，頁35）他們一味的菲薄固有，把有價值的中學精意拋在一邊，而言「以此零點爲據，以整理國故、融攝西方文化，創造新文化也。」（《花果》，頁36）如余英時先生所指出的：「面對現代西方文化的挑戰，中國傳統文化不得不進行大幅度的改變，這是百餘年來大家所共同接受的態度，只有程度上的分別而已。激進取向支配著近代中國的思想界是有其必然性的，但是與近代西方或日本相比較，中國思想的激進化顯然是走得太遠了，文化上的保守力量幾乎絲毫沒有發生制衡的作用，中國的思想主流要求我們徹底和傳統決裂。因此我們對於文化傳統只是一味地『批判』，而極少『同情的瞭解』。甚至把傳統當作一種客觀對象加以冷靜的研究，我們也沒有眞正做到。……中國人文傳統的研究到今天已衰落到驚人的地步。對傳統進行猛烈批判的人也常說『取其精華，棄其糟粕』之類的話，可惜只是門面話，不過是爲『批判』找藉口而已。」〔註1〕唐先生在文化方面上指出「返本開新」，力斥反傳統說，即是針對此風而發。而爲說明中國文化的返本可以爲開新提供根據，他便進一步致力於闡揚中國文化之價值，以明中學之精意，以使吾人能對中國歷史文化生一信心。

〔註 1〕 參余英時，《猶記風吹水上鱗》（臺北：三民書局，1991），頁 238～239。

第一節　論中國文化之價值須由中國文化的特殊精神說

一、論中國文化之價值不能以西方文化爲判準

那麼，要如何才能說中國文化有價值呢？首先，中國文化有沒有價值不能以西方文化爲標準，來看中國文化缺什麼；但另一方面，我們眞要說中國文化有其價值，也不能以西方文化爲標準，來說中國文化有什麼。

唐先生認爲反傳統主義者之菲薄固有文化、肆意自詆，「這種說法之所由成，大概都是由於先以西方文化爲標準，然後再看中國文化缺什麼」（《重建》，頁 526）。由於以西方文化，尤其是以西方文化中的民主科學爲標準，而中國過去文化沒有發展出民主科學，因此，便說中國文化是落後的、沒有價值的文化。這種偏激的鄙薄中國文化的態度流風及於今日，依然有不少人認爲談中國文化與儒家，即是中國要現代化的阻礙。由此，自然看不到中國文化的價值。

相對於以上這種由中國文化沒有發展出民主科學而否定中國文化的作法，另一部分的人則致力於說明中國文化的確有民主科學，想試著由此來證明中國文化是有價值的。唐先生則認爲這樣的進路並不能眞說明中國文化有價值。在他看來，如英人李約瑟之寫論中國科學史的書，「我寧可說，這些多是證明中國的技術或藝術知識之早發達，而不證明中國純粹科學知識之發達。」（《發展》，頁 101）固然「以文物或利用厚生的工具之發明及製造之多而精巧上說，在二百年前，中國實超過於西方。但這卻不能證明，中國文化原是重自然思想富於科學精神的。這是我不能同意一些朋友的意見的。因爲眞正的自然思想或純科學精神，是應爲了解自然而了解自然，爲求眞而求眞的。此即希臘哲人之所以看不起技術工作，亞基米特之羞於記述其所發明之器物。反之，中國古代之重文物或利用厚生之工具之發明，卻可證其缺乏純粹的自然思想客觀的科學精神。」（《發展》，頁 21）也就是說這種致力於說明中國文化有科學的作法，適得其反的說明了中國文化缺乏眞正的科學精神。科學本來就是西方文化所特長，由此來論，中國文化永遠是比不上西方文化的。唐先生此可以說是繼承了新儒家自梁漱溟先生以來的看法，新儒家自梁先生以來即批評這種致力於搜尋中西文化的共同點，並以此來證明中國文化有價值的作法，他說：「假如中國的東西僅只同西方化一樣便算可貴，則仍是不及人家，毫無可貴！中國化如有可貴，必在其特別之點，必有其特別之點才能見長！他們總覺得旁人對我稱讚的，我們與

人家相同的，就是可貴的，這樣的對於中國文化的推尊，適見中國文明的不濟，完全是糊塗的，不通的！」〔註2〕

　　今日是西洋文化當令的時代，我們不論是批評或讚揚自己的文化，都很容易在不知不覺間用了西方文化為判準。不過，中國文化如果還有與西方文化分庭抗禮的可能，那麼，唯有賴我們不以外在的標準——以西方文化的標準說他有什麼沒有什麼，而換一眼光自內部看，才能看出中國文化本身表現了什麼樣的精神價值。但這同時要賴我們超越只認同某一組價值標準的態度，而對價值作一種「全幅肯定」。落實來說，在當代主要即是要超越以民主科學為唯一標準的態度，而肯定在它之外還有其他價值存在。這即是唐先生所謂「人文主義」——「即指對於人性、人倫、人道、人格、人之文化即其歷史文化之存在及其價值，願意全幅加以肯定尊重，不有意加以忽略，更決不加以抹殺曲解」（《發展》，頁 18）的文化態度。如同勞思光先生所言：「唐先生這樣的『人文主義』的理想或精神方向，倘若只孤立地看，或許不容易顯出它的重要性。甚至於有人可以說，這樣主張十分寬泛，使人難以把握其確定意義。但我們若將這個大肯定納入當文化問題（尤其是中國的文化問題）的大脈絡中，則它的重要性立即凸顯出來。」〔註3〕這種對價值的「全幅肯定」的態度是五四以來參與文化討論者罕能具備的〔註4〕，卻是我們要探討中國文化的價值所格外需要的。

二、論中國文化之價值要從中國文化對特殊精神說

　　因此，唐先生便不從中西文化之所同處，尤其是西方文化所獨長處，以

〔註 2〕　參梁漱溟，《東西文化及其哲學》（臺北：里仁書局，1983），頁 16。新儒家
　　　　第三代杜維明先生對此亦說得很清楚：「人們常常說，我們要把從孔夫子到孫
　　　　中山的文化繼承下來，取其民主科學的菁華，去其封建糟粕。這幾乎是公認
　　　　的繼承文化遺產的正確態度。然而在我看來最大的困難是，如果我們用西方
　　　　五的標準為標準，我們很難在中國的傳統中找到類似西方『民主科學』的菁
　　　　華。這並不是說它本身沒有菁華，它有的是和西方現代文明性質不同的菁華。」
　　　　（《儒家自我意識的反思》，臺北：聯經出版公司，1990，頁 245）
〔註 3〕　參勞思光，〈成敗之外與成敗之間——憶君毅先生並談「中國文化」運動〉，《紀
　　　　念集》（臺北：臺灣學生書局，1991），頁 152。
〔註 4〕　如賀麟先生在其《當代中國哲學》中即指出：「蔡先生（案：指蔡元培）提倡
　　　　藝術而反對宗教，與當時提倡科學而反對玄學的趨勢，都代表五四運動前後
　　　　特有的風氣，充分表示出當時文化價值觀點上的衝突矛盾。」（無出版社及年
　　　　月，頁 47）由此，唐先生一直感慨「道術為天下裂」，而致力於要「會偏歸全」。

論中國文化之有價值，而自中國文化本身所表現的「特別之點」說中國文化真有價值。

要如何才能顯出中國文化有其特別之點？這即必須要有所對照，故唐先生說：「吾今茲論中國文化，乃以西方文化爲背景，而作一比較之論列。」（《價值》，頁 1）我們觀《中國文化之精神價值》一書即可發現這種論述特色，其論中國文化之價值，多先與西方思想相較而論，如其討論中國先哲之自然宇宙觀，即先從「西方哲學科學中對自然宇宙」說起，「先對西方之自然觀，與以一說明，以爲比較之資。」（《價值》，頁 75）論中國先哲之人心觀，先從西方科學、宗教、哲學、文學中的人心觀說起；〔註5〕論中國先哲的人生道德理想論，先講「西方人生道德理想之類型與中國人生道德理想相比較」（《價值》，頁 175）；論中國人格世界，亦「擬將先論西洋之人格世界中一般人所崇敬之人物之精神，以資對照。」（《價值》，頁 363）

而由唐先生對中西文化的對照、比較，我們可以看出「中西文化面目之不同」，舉例來說，「西方言哲學者，必先邏輯、知識論，再及形上學、本體論，而終於人生哲學倫理、政治。而中國古代學術之發展，適返其道而行，乃由政治、倫理以及人生之道。」「中國文化自開始即重實踐，孔子亦先求行道而後講學，故智德居於末德，數居六藝之末。儒道墨之初起，皆唯以論人生政治德行爲事。公孫龍墨辨、莊子齊物篇、荀子正名篇中之知識論、邏輯、科學思想，皆由諸家之辯論而後引起，只爲諸家末流所尊尚。則知在西方居哲學科學思想之首位者，正爲中國學術思想中之居末位者。」（《價值》，頁 60）不管是從中西的古代文化、宗教、哲學的起原看，他說：「吾人今更剋就中國古代文化情形，與前所述西方希臘文化作一比較，尤可見中西文化之殊途，在其開始點已決定。」（《價值》，頁 21）「關於中西文化之起源之不同，由中西哲學之起源之不同更可證之。」（《價值》，頁 39）中西文化走的本是兩種不同的精神路數，由文化的橫剖面來看亦是如此。

整個中國文化之發展，皆表示中國文化之特殊精神，「則爲西方文化精神之特殊精神之所在者，如吾人前所謂文化之分殊的發展、超越精神、個體性之自由之尊重，與理智的理性之客觀化之四者，皆中國文化精神中之所忽」（《價值》，頁 60）。不過，西方文化之長固爲中國文化之所不足，然中國文化本身亦在它方面表現其所長，而有過西洋文化者。由此，唐先生便進而闡發

〔註 5〕 參《價值》，頁 119～125。

中國文化在西方文化標準外所表現的獨特價值。以下我們便主要以《中國文化之精神價值》一書爲據，以窺唐先生論中國文化之精神價值之面目。

第二節　論中國文化之精神價值

一、論中國先哲自然宇宙觀之價值

唐先生論中國自然宇宙觀之價值，首先便與西方科學哲學中的自然宇宙觀〔註6〕相較而論，以凸顯出中國自然宇宙觀之特殊精神。

近代西方科學由中古「上帝表現其光榮於整個宇宙之創造」的信仰，而求超越地面有限物以見上帝之光榮，由此進而轉出一無限的時空觀念。探索無限空間的天體，是近代天文學，這種精神與西人在實際生活中力求向外探險、航海殖民，以膨脹其在地面上活動範圍之精神相依並進。探索無限時間的興趣，即追溯生物、人類與地球原始的進化論，進化論的精神，亦與西人在實際生活中求向前奮鬥、超越現實而求有所創造，以表現強烈生命力之精神相依並進。而由天文學萬有引力說看來，天體的和諧運動與所表現的數理秩序之美，亦可謂由個體之天體，各以其所獨具之質力，互相抵制迫脅所生的外表結果。自然界生物之相與人類原始，由近代生物學人類學所發現的，亦不如平日所見之美麗和平，而爲充滿無數鬥爭衝突者。由是遂若置宇宙萬物於一力與力爭衡衝突的緊張關係中，此緊張關係亦表現於西洋近代人的社會政治之組織與人生情調中，而缺乏一寬平舒展的精神。乃至有如黑格爾、馬克斯之自然宇宙觀以整個世界爲矛盾之力的結合。

中國的自然宇宙觀，不似西方自然宇宙觀有系統的科學理論及實驗爲之說明作證，因爲自然科學本非中國所長。然唐先生以爲中國自然宇宙觀自有其所代表的文化精神與所表現的對自然之智慧。中國自然宇宙觀的文化背景，唯是中國古代傳統文化精神及後來的儒、道精神。

懷德海曾批評西方近代文化思想之最大缺點，即在看自然乃價值之中立，不知價值內在於自然。而中國道德精神之本在於信人性之仁，即天道之仁，而天道之仁，即表現於自然，這使得中國自然宇宙觀的最大特徵、與西

〔註6〕唐先生所謂的自然宇宙觀，乃是就其對自然的觀點與其觀點所表現的精神與價值而說，而非重在討論中西自然哲學、自然科學之理論。參《價值》，頁75。

方以往思想最大不同處，即在於視自然本身為含美善之價值者，愛說「鳶飛於天，魚躍於淵」以見天地生意、萬物自得。人誠依無私之大仁之心以觀物，復不私其德，則以人之德性解釋萬物之生成，並視之為同載此德，乃是情之所不能已。人誠不注重自「一一分別並存之個體物」，〔註7〕以觀自然宇宙，則自然事物的生滅與如此而不如彼即非衝突矛盾，而只是一「新新」、「生生」的生化歷程。而物的相爭相害固不得抹殺，然此皆為求生存，求生存本身中國先哲並不視之為惡，而且爭必有所不爭，依于不爭而後能爭，只看世界表然處處見矛盾鬥爭，然自底層看則總有一內在的安定和平為一切鬥爭動亂所據。而且凡自然界之鬥爭矛盾，依易經之教，又無不可由物之相感通以協調彼此的關係，而化除矛盾衝突以歸中和。由此遂不如在西方科學思想所觀察下的自然與社會，處處表現違悖人生的價值理想。

除了視自然為含美善之價值外，中國亦乏西方人之無限的時間空間觀念。如騶衍以談天名，而空間只有九九八十一州以環海繞之之說，乃是一種迴繞的空間觀；中國論開天闢地的興趣亦極於太初元氣一概念而止，未嘗求詳萬物及人類、地球所以生的歷程，一般正宗儒家，更多不問此問題，荀子「言天地始者，今日是也」，乃使此問題從根截斷。此外如陰陽家五德終始、三統遞換說，孟子五百年必有王者興說，皆不重視宇宙與人類社會歷史層疊地向前進展之歷程，而唯觀其循環往復之運轉。此皆見其不離人所居時位之中心以觀宇宙之大，亦未嘗拋出一無盡地一直伸展的時空理網作窮幽極深之探測，故亦不對此空虛之時空求有知識以充實之，因而亦無西人之天文學生物學等哲學科學的成就。然唐先生以為此亦顯示「中國先哲之所會悟，蓋在知遠者之通於近，古之通於今。誠無往而不復，則遠古者皆將即見於卑近與方來。與其窮幽極深以測宇宙之大與無限，何如即當前萬物之相感通而生生不息處……見當下之無限。」（《價值》，頁 102～103）〔註8〕

蓋如易所言「往來不窮之謂通，通則久。」中庸言「久則悠遠。」西方人的「無限之時間空間觀念」，固可使西方人及其所領導的世界永在向前奮進

〔註7〕 蓋中國先哲無西方的科學哲學思想中的先物質實體的視念，物之作用所在、功能所在，即物之所在，一物之所以為一物，即在其攝受性與感通性。由易經之教，每一物皆與他物宣相感通涵攝，以使新事物生生不息。因此，一切事物之並存，在中國先哲看來也不是獨立的。此可參《價值》，頁 87～99。

〔註8〕 本文所述唐先生講中國先哲自然宇宙觀之意，參《價值》第五章，另可參《重建》，頁 242～248。

中，然如要使人生眞得安頓於當下，並致天下之太平文化之悠久，則中國先哲之自然宇宙觀在此實有其價值與智慧。

二、論中國先哲人心觀之價值

相對於西方哲學的人心觀〔註9〕之重心的有對性一面，唐先生以爲「中國先哲之人心之根本精神，唯在明心性之無對性。而吾人所當直接契悟者，亦唯此一義。」（《價值》，頁167）

西哲言心性皆重心的有對一面，此可由他們言觀念多與心對；言心之衝動、欲望、機能與外物對；心之理性與情欲、經驗對；心之意志、理想、精神則與環境、與實現理想的場所和反乎精神的自然相對而見。中國人言心性，主要有儒、道二路。道家言心重心的虛靈明覺與心所依之氣一面，儒家言心，則兼重人之性情與志行一面。然無論是重心之虛靈與心之性情，「皆所以顯心與自然之不相爲礙，與心之通內外，而能使主賓相照，物我兼成，以見心之無對性。」（《價值》，頁125～126）

以道家所謂的虛靈明覺之心來說，唐先生說此平心論之實頗近康德純理批判之超越統覺，因二者同爲超所知之對象而遍運於一切可能的觀念、印象、對象，而無所陷溺。不過，康德的超越統覺乃是有對者，它統率若干範疇，以諸範圍向對象運用，規範對象而成就知識。然此所規範的對象，唯是呈現吾心前的表象世界，而非物自身，因而此超越統覺乃是冒舉於表象世界之上，與物自身相對者。然道家虛靈明覺之心，則不以成就知識爲目的，而直接與物相遇，與大化同流，莊子之神遇，「天地與我並生，萬物與我爲一」之感，老子「空虛不毀萬物爲實」、「致虛守靜」等，皆直接與物相遇，而無範疇之間接，物我之對待。

再就儒家人心觀的核心問題「性情」來說，西方理性主義理想主義尚自覺的理性，以理性言心，而其理性多與情欲相對。然在中國正統儒學中講性則不與情相對，而講「性情」，儒家在人的自然生命活動中，發現一崇高的道

〔註9〕爲什麼講西方文化中的人心觀要取西方哲學來論，而不就心理學說？此蓋由於唐先生認爲「西方近代之科學的心理學，實尚在極幼稚之階段。其前途發展如何，雖不可知，然以其今日之成就而言，其對人心本身認識之深度，蓋尚不如西方過去宗教與哲學中，對人心認識之深度。西方宗教上，言人心之理論，多融於其哲學思想，故不須單獨別論。」（《價值》，頁120～121）故以西方哲學中言人心的理論，代表西方文化中的人心觀。

德價值，而主張性善，並由表面爲被動的情中，見人有純粹自動自發的性顯於其中，故言性善，而不以情爲不善。〔註 10〕故不以絕情爲教，且認爲性必須由情見、亦由情養，舍此與物相感通的自動自發的情，亦不足以見性養性而存心，由此性亦爲無對者。在唐先生看來「西方理想主義、理性主義者之尙自覺的理性，固所以實現善意志、善性，然彼等恒只知自覺的理性活動，爲理性之活動，彼等不免忽人在與具體特殊之事物相接，而以情通之時，此中自其使吾人自執著之概念與自我解脫而言，亦爲表現心之超限制性、涵蓋性與普遍理性者。夫然，而吾人之情隨處與物相接而相感通，無所窒礙執著，即表現吾人性情之全量者。而此義，唯中國正統儒者蓋體之最深（唯言之未詳）。」（《價值》，頁 153）

　　因爲心性同爲無對，不管是依道家之以虛靈明覺言心或依儒家之以性理言心，都不同於西方哲學有純知的理性的矛盾辯證的問題。中國儒道視知識現象、存在現象，皆是直觀其變化發展，而不視爲宇宙之矛盾衝突的表現。〔註 11〕我們前一節說中國思想不取西方近代的矛盾衝突的辯證的宇宙觀，唐先生以爲其關鍵亦在於此儒道對心性的詮釋上，中國先哲之言心性的活動，在本原上乃視爲直道而行，一往平順的活動，唯見一切人物平舖自在的，各求通過其一時的阻礙，以一直成就其自己，而非一上一下，跌宕起伏之活動，此即人之盡心知性之所以能安頓世界，裁成萬物，使之各得其所的最後根據。〔註 12〕

〔註 10〕　儒家「性情」之情乃是指惻隱、羞惡等善情。然除善情外，亦有似無善無不善的飲食男女之情，與淫亂、奪取、嫉妒等惡情，然唐先生以爲飲食男女之情，自其本身而言固無善不善，然「若隸屬於人之仁義禮智之心言，則爲善；而自其爲自然之生化，而又滿足吾人好生之心言，亦只得謂爲善。」（《價值》，頁 149）至於惡情之生乃是心與自然生命欲望的產物者，「故此種情之不善，實非只原於情之爲接觸具體特殊事物。而是原於吾人之情之限制，及吾人『能形成概念與能自覺自我』之理性活動本身，又限制於『所接之物之類與情之類』之中，而成一對自我之執著；轉以限制情之充拓與開闢。唯此有限制之情之結合，而後有惡情之生。」（《價值》，頁 151）如分別溯源於心或情本身皆不可得。因此，唐先生認爲即使有惡情亦無礙於儒家之不以情爲不善。

〔註 11〕　雖然儒家不以知識與存在世界以矛盾辯證爲本性，然唐先生以爲在道德生活的發展中仍有一辯證發展的現象爲儒家所重視，即吾人的實踐的道德理性，恒與私欲相矛盾衝突，因此吾人全幅性情之表現，乃不得不表現爲一自覺的實踐理性的活動以化除之。不過，如剋就人眞用功處而言，亦只爲一直道而行以致中和之事。說見《價值》，頁 162～166。

〔註 12〕　本節所述唐先生之意參見《價值》第六章。

三、論中國先哲人生道德理論之價值

就人生思想說，唐先生以為中國儒家思想的規模較西方更為闊大莊嚴，首先這可以就人對自然物的態度來說。

在西方人生思想中，人對自然物的態度不外鄙棄、隔離、利用三者，不免以一種傲視於物質之上，以凸顯人之自我的態度應物，甚至主張愛物不在道德中。如羅素即言近世禁止虐殺畜牲運動初起時，即為教會所反對，理由是聖經記載畜牲無靈魂。近世生物學家 Wallece 亦論生物無真正苦痛之感覺，故人殺害生物非不仁。西哲必限道德於人類中，雖有樹立道德世界之尊嚴、別人禽的苦心，然唐先生認為人與生物在有無理性上雖不同，然同懷生畏死，果依人的理性，我們肯定自己當生，亦當肯定一切生物當生，如真欲肯定人在客觀宇宙的價值，那麼人即不能自限其情愛於人類自身。而在儒家的道德理想中，一方面未嘗不視人為萬物之靈，極重利用厚生之事，認為人用物以養其生，以表現精神、蔚成文化，乃人為其所當為，無所愧於萬物者，然以仁性之至仁、情之無所不通，又不能不望物各成就其自己，自然不忍對之輕加傷害，因此，另一方面又要講貴物惜物愛物。此二者在儒家看來同為人的道德生活所當包涵。此中的困難點在二者恆不免相衝突，人欲求存在往往免不了傷物自養，然儒家以為此唯是「愛之差等」的問題，而非「愛之有無」，如陽明所言：「禽獸與草木，同是愛的，把草木去養禽獸又忍得。人與禽獸同是愛的，宰獸以養親，供祭祀，燕賓客，心又忍得。」至於二者未衝突時，則人固可以此仁心兼愛萬物。如此一則可用物以蔚成人文，而其用物又可免於殘忍。〔註13〕

除了對自然物的態度以外，再從其他方面的人生思想來看，西方的人生思想，不免人與神不平等，人與物亦不平等。他們不願神高居人上者，恒否定神之存在；欲人與物平等者，又往往主張視人如物的唯物論。言集體的不免抹殺個人；尊個人的不免視集體為個人的桎梏。或謂家庭意識當在國家意識前破滅，或謂國家意識當在世界無產階級意識前被否定。相對於西方人生思想的衝突矛盾，唐先生以為在儒家的道德理想中，則有一種極高的「平等慧」與「差別慧」。所謂「平等慧」，也就是說儒家以一種肯定全幅人生的精

〔註13〕參《價值》，頁 184～198。我們可以稍微交待一下佛家的態度，佛家固不同於西哲，而以愛物在道德中，然唐先生以為其表現為素食與委身飼虎事，與西哲同屬過與不及，蓋如此則使蔚成人文之事成不可能。

神，不任意以一關係凌駕其他、抹殺其他，而肯定「一人一太極」、「一事一太極」，肯定人與人的各種關系——人與集體、社會、家庭、天下乃至人與各種文化活動之各種關係，皆各為一絕對，不能相代替，而平等的輻輳於個人的人格。而不自外比較家國天下的大小由此以定其價值，此即孟子之所以言「君子不以天下儉其親」、船山之言「乾坤大而父母亦不小」〔註14〕不過，這些關係的重要性與價值，雖然在原則上是平等的，然而在實踐上又非謂人須把這一切的事都自己作完，而要看我當前所處的位分在那一種關係中，便以此為我現在所當先盡。以位分來定責任，人道德的表現隨人氣質之剛柔、所居之位、所當之時、所應之物而萬殊，此是為「差別慧」。然此二慧又實是一慧，根原即在位於人的仁心仁性，必須當機表現其情，順差別而差別之，於一一之事應之以一一之理，正所以使吾人之仁心常保其本性之平等者，此為中國人生思想中的大平等慧。

由此大平等慧與全幅肯定人生的精神，使得儒家肯定一切人生活動皆可為一目的，肯定人生一切活動與苦樂之遭遇皆充滿價值意義，而較西方人生思想更為寬平舒展。〔註15〕

四、論中國人間世界
——日常生活社會政治與教育及講學精神之價值

就日常生活而言，中國人不同於西方之精神文化生活，與日常生活分開，而重在使日常生活與精神文化生活合一。西方人之精神文化生活與日常生活分開而獨立生長，此由西方人之過宗教生活，則赴教堂；過藝術生活則至美術館、博物館、劇院、音樂廳等可見。唐先生承認此自亦表現一種精神價值，且是成就西方文化多端分途發展的一因緣。但是，「人之精神，一方面亦要求有平順安泰的日常生活，而平順安泰之日常生活之所以可能，則係於日常生

〔註14〕 孟子、船山之言並非表示儒家溺於家庭，而是要打破此種自外比較大小的態度。為什麼不能自外比較大小？蓋自外比較大小者往往即在原則上定其價值之高下，並引申出小者當為大者犧牲、部分當為全體犧牲，如黑格爾之謂家庭意識當在國家意識前破滅，馬克斯之以國家意識必當在世界無產階級意識前被否定，乃至今日中共之輕言犧牲「一小撮」反對分子，唐先生認為「此則皆似無私，而實對多種人間關係，加以忽略，加以斬伐之論，乃不足為訓」。（《價值》，頁209）

〔註15〕 此二段所述唐先生之意可參《價值》，頁 198～241。另可參《重建》，頁 251～259。

活與精神生活文化生活之合一，唯由此乃可完滿的獲致人類之和平成就人文之悠久。」（《重建》，頁 506）西方人之文化生活與日常生活分開，此同時亦造成西方人之精神不能充滿於當下的生活，眞有平順安泰的日常生活，以安頓人的自然生命。而中國儒家之求精神生活與日常生活之合一，重使人之精神生活直接貫注於日常生活，以潤澤人的自然生命，在他看來亦未嘗不有一大慧在，可以使人在未能自覺或不須自覺的日常生活中，先習於一種方式，其本身即涵有一種精神意識，如此則能很自然的超化人的權力欲。由儒家如此垂教以來，中國人雖較缺超越日常生活，以求精神文化及生活的精神，然亦特善於使日常生活藝術化，使之含文化意味。如中國人之過節，清明掃墓到郊野，乃不忘其親之意；五五紀念屈原，到水邊划龍舟，乃忠君愛國之意；七月乞巧，望天星，所以培養人天長地久之愛情意識。此和西方節日如父親節、母親節等之多隨意任定一日者，意義迥然不同。又如飲食，西人飲食多用刀叉及鐵壺等，中國則用木筷與磁器。飲食用刀叉，即使飲食帶兵氣殺機，不如後者之雍容和平。又如遊戲，行酒令勝者不飲敗者飲，比拳先作揖，既勝亦須拱手致歉，此都較西方人之日常生活更富禮樂意味。〔註16〕

　　再就社會說，唐先生認爲中國社會較西方更能表現一致廣大的社會精神。馬克斯說西方社會的發展史只是一階級鬥爭史，他雖不以其言爲是，然同意西方社會確實充滿了階級對峙，如希臘時自由市民或奴隸主與奴隸之對峙，中世封建領主與農民，近世資本家與工人之對峙都是很明顯的例子。然在中國，古代雖有貴族，然「舜發於畎畝之中，傅說舉於版築之中」，唐以後科舉制行，將相本無種，白屋出公卿，中國社會歷史實不如西方之充滿階級對峙。此根本的理由即在於儒道二家「自覺的肯定一切個人之平等，並求其實際生活能平等」的大平等思想。因此，在他看來中國過去之社會雖不倡自由，而實有最多之社會生活的自由。〔註17〕

　　就政治說，儒道二家固未嘗建立民主制度，其思想亦不同於西方民主政治的思想，然唐先生強調此不等於說他們即是主張君主專制或貴族政治。儒道家尊重人民，固無疑義，之所以沒有發展出民主，就外緣條件說，固由於

〔註16〕參《價值》，頁 243～262；《重建》，頁 506～521。
〔註17〕參《價值》，頁 262～276。唐先生此論乃偏重在說中國文化之價值，然他另一方面亦認爲此中國社會之不倡自由有一不足。即「人民之自由權利未經憲法之明白規定，而受法律輿論之保障，則人民雖實際上甚自由，其自由亦隨時可受暴君之剝奪」。（《價值》，頁 514）

中國過去廣土眾民，普選實難；不過，他以為更重要的是儒道思想皆不以人必需參加政治活動，道家貴身甚於天下，儒家亦云「孝乎惟孝，友於兄弟，施於有政。是亦為政，奚其為為政。」今人蓋以政治為獲得權力事而以政治活動為人人必須參與，故疑儒家私政權於君，不知二家本不以政治為爭權事。其以人民可信託君主及百官之治，雖乏今日民主政治之精神，然同時主張君當無為、求賢共治，亦是求使政權公諸天下。因此，唐先生認為「皇帝在今日固不存在，中國將來亦不能有皇帝，今後中國之政治，亦當大異於往昔，然謂中國過去之政治全無價值，及中國數千年儒者皆甘作皇帝之奴隸，則悖於事實者也。」（《價值》，頁 282 ）〔註18〕

最後論教育，中國學者從師，一時只從一師游，此與西方學校之由眾師教諸學生，學生可以兼採眾師之長，以成自己學風的方式，二者大不相同。唐先生以為中西教育方式不同，然各有價值。西式教育所取較廣，然易雜亂支離，且學者自居綜合地位，恒自以為智過其師，且所學於師者恒在一面之智識技術，而非整個人格，故愛師敬師心少。中國教育則精神先集中於師，直接與其整個人格、生活接觸，同時接觸其「學問之綜合方式」，無意間引發學者的綜合能力，此中學者無論學問道德如何過其師，然飲兼思源，不泯愛敬，由此中國學術文化由師師相傳以日趨進步，而後人仍不忘其師，而學術文化之統緒成。對於中國過去治學重師法家法，唐先生承認此誠有一缺點，即學者所取資者較少，易生門戶之見，然他以為若以中國學風之尊傳統，純為西方所謂傳統主義、權威主義則未是，漢武罷絀百家而尊孔，未嘗禁百家流行社會；宋儒闢佛莫如二程，然伊川亦云「佛亦是胡人之賢智者，安可慢也。」此皆遠於西方所謂權威主義之以獨斷教義抹殺相異理論，不許其構說的態度。〔註19〕

五、論中國文藝精神之價值

就整體看，中國文藝所表現的特殊精神，乃是一可供人「藏修息遊」的

〔註18〕 參《價值》，頁 276～282。此亦是站在一同情的地位肯定中國政治之價值，然他亦承認「最高執政者之不由人民推選，無論賢與不肖，人民皆須接受其統治，便唯是聽天之安排，而居於一被動之地位，此終是中國人在政治生活上所受之一委屈，而使人民之精神不易升揚者。」（《價值》，頁 514）由此肯定西方民主自由思想之輸入對中國文化之價值。此另可參《重建》之〈人文與民主的基本認識〉、〈中西社會人文與民主精神〉二文與《意識》之〈政治及國家與道德理性〉，亦對中國聖王政治之不足與民主政治之積極的價值皆有深論。

〔註19〕 參《價值》，頁 282～289。

精神。

　　在唐先生看來，西方文藝精神表現的偉大多是「英雄豪傑式的偉大」，如高聳雲霄的教堂與埃及的金字塔、萬馬奔騰的交響樂與西方的悲劇，皆撼人心靈、奪人神志，此誠不可企及，然不能使人無憾，即吾人欣賞時，不能不自感卑微渺少，而除崇敬膜拜之外，人心無交代處。他以為此種偉大未嘗真洋溢其偉大使人分享之，不是充實圓滿的偉大。而中國文藝精神之異西洋者，即在其可供人藏修息遊，這種可供人藏修息遊的精神，其偉大乃是一可親近、似平凡卑近之偉大，此是近一「聖賢仙佛的偉大」，可使人的精神涵育其中以自然生長向上，而亦日趨偉大者。而凡可遊者必有實有虛，一往質實或一往表現無盡力量者皆不可遊，因此我們說中國文藝精神在可遊，亦即說中國文藝精神在虛實相涵。西哲論美之最高境界恒歸壯美，席勒獨謂希臘美神佩飄帶，由飄帶精神論風韻之優美。唐先生以為此實非西方文藝之所長，蓋飄帶之美在能遊能飄，似虛似實而迴環自在，而此中國文藝精神則獨能盡之。〔註20〕

　　以建築來論，唐先生認為中國建築之美即在其表現一可遊的精神。以往家為例，中國住家有堂屋，天地君親師之神位在焉，婚喪之禮在焉，老人教子孫亦在焉，堂屋之中皆為人責任感、向上心所藏修息遊之地；有簷下空間，則虛實相涵、內外相通，徘徊簷下，漫步迴廊，皆所以息遊，窗櫺之用，亦所以通內外，飛簷飛角之飄逸，宛若與虛空同流。而西式洋房有臥室、客廳、書房，而無堂屋；瓦與牆齊，無簷下；有過道無迴廊，有窗戶不講究窗櫺，有屋頂而無飛簷飛角，此在他看來皆是西式建築原則上不如中國者。斯賓格勒於《西方之沒落》中，曾稱道中國園林曲徑迴環，花木幽深，較西式公園便於遊息，然唐先生則以此精神乃是遍於中國之建築者。

　　再以書畫為例，唐先生認為西洋古代以鵝翎管寫字，今用鋼筆，皆病質實而不虛，不如中國毛筆之妙，其毫可任意加以舖開而迴環運轉，作書者可順其意遊心筆墨之中，而開出一先形式美韻味美的書法世界，為人精神所藏修息遊之所。而西洋油畫，必以顏料塗滿，質實只可遠觀，而中國畫尤其是宋元以降之文人畫，則恒不重彩色而善用畫中虛白處，到達畫中最空靈的境

〔註20〕參《價值》，頁 298～302、306～307。關於中國文藝精神「虛實相涵」之特色，近人亦多有論之者，如宗白華先生其《美學與意境》之〈中國藝術表現現的虛和實〉亦論及此。

界。藝術乃是表現精神於物質界,則以愈少的物界形色表現愈多精神意境者,價值宜最高,因此,他以中國書畫在此點上較西方繪畫居較高的境界。除此之外,西洋畫恒重光色明暗,遠近大小的不同,假定觀者有一定觀景;而中國畫則不然,中國畫家作畫時,往往即遊心畫中隨易觀景,因此亦必俟觀者與之俱遊,而後識其妙,此皆表現虛實相涵,可供人藏修息遊者。〔註21〕

再就文學說,中國文學重詩歌散文,西方文學重小說戲劇,亦顯示此一中西文藝精神之不同。西洋戲劇小說,其好者恒在布局謀篇之大開大合,使人精神振幅隨之擴大而生激蕩,即表現我們上面所云之「英雄式的偉大」者。然中國的散文,本意即取其疏散豁朗,詩主寫景言情,二者皆不以表現生命力見長。詩文之好者其價值正在使人必須隨時停下,加以玩味吟詠,因而隨處可使人藏修息遊,而精神得一安頓歸宿之所。

即使同就小說劇戲劇來論,唐先生認為中國小說戲劇亦不如西方之由重視英雄人物與其個性的伸展和表現,而強調主角的地位。中國較長的小說戲劇皆甚難得有焦點的人物、故事與目的所在,而重在繪出整幅的人間世界（此和我們前所云之中國繪畫較無一定觀景,表現的即是同一精神）。如紅樓夢中花團錦簇的一群多情兒女,水滸中寂天寞地下一群驚天動地的好漢,自是各表現一種人間世界,如閣大的宮殿,其中自有千門萬戶,可供人藏修息遊於其中。〔註22〕

整體而言,西方文學中,無論是啓發宗教之宗教文學,引人超越有限以達無限靈境的浪漫主義文學,或崇拜英雄、禮讚愛情的文學等,皆同表現一

〔註21〕參《價值》,頁 302～316。

除建築、書畫外,唐先生亦論音樂、雕刻,而皆於其中見其表現此一「藏修息遊」之精神。

關於論中國畫之無一定觀景者,今人葉維廉先生亦論之:「幾乎所有的中國山水畫的構圖,都不是『一瞬』的描模,都不是『單一的透視』(即選擇一個固定的方向看出去)……在結構上避開單一的視軸,而設法同時提供多重視軸來構成一個整體的環境,觀者可以移入遨遊。」此可參其《記號詩學》(臺北:東大圖書公司,1988),頁 203。

〔註22〕由此對中國小說戲劇無特定焦點的認識,唐先生以為「近人謂水滸傳之目的,在反映官迫民反,反映中國社會之階級問題,紅樓夢之目的,在言戀愛不自由之害,此純為近人以西洋觀點看中國文學,所發之可笑之論。」(《價值》,頁 335)又如葉慶炳先生之《中國文學史》論雜劇亦輒云某雜劇之結構組織鬆散,亦皆是以西洋觀點來要求中國文學者。

由於認為中國的小說戲劇乃是一展示人間世界的「人間文學」,唐先生亦論中國雖缺西式悲劇(直接關涉個體人物或人格的悲劇),然亦有其本身之悲劇意識,此即「人間文化」之悲劇意識。(參《價值》,頁 349～361)

企慕嚮往、往而不返的精神。好處是使人精神易提起，短處在情之堅持不捨，強勁之氣外露。而中國文學則一方重婉曲蘊藉溫柔敦厚，一方重情之平正通達，筆法之老練蒼勁典雅，與前者呈現出兩種不同的風貌。〔註23〕

六、論中國人格世界之價值

關於中西人格精神之不同，唐先生以爲由於在西方的文化歷史中不數百年即有一新民族進入文明的舞台，這些新民族，一方面有較多的活力，表現更多的天眞率直；一方亦有更多的盲目生命衝動，易生執著，故其所表現的人格精神，易顯爲一往超越凡俗而直前孤往的形態。中國民族或以文化歷史較久故，如西人之活動天眞久爲所失，然亦不似西人之多衝動執著，所表現的人格精神，不是一往直前的超越精神，而是一面肯定現實，同時又於其中實現超越的理想的精神。

從西方人所崇敬的人物來看，如西方的社會事業家、發明家，所表現的即是一種前進的、追求的精神，將其生命力、理智、意志力，均全部用於事業中；西方學者窮老盡氣，冥心孤住，一生唯以著作爲事，而往往生活成渣滓；其文學家藝術家亦皆表現一超越現實而一往向上企慕嚮往之情；而西方的軍事家、政治家等之爲人所崇拜，亦在於其能不顧一切，以表現一往直前的意志與才氣，而顯一英雄的風姿。而這一些都是較難爲中國人所接受、理解的。中國人所崇拜的社會事業家，不同於西方所謂的社會事業家，而是依於一感恩之意以崇敬對社會日用民生有功的人；又從中國人所崇拜的政治軍事社會人物來看，亦不同於西人的英雄崇拜，而是中國式的儒將、聖君、賢相與豪傑之士、俠義之士、氣節之士。中國人對純粹軍事上立戰功、闢土地的英雄，恒不崇拜，甚至以爲此乃是該服上刑者。中國人所崇敬的帝王要視其能否開太平、崇教化、美風俗而定；臣相亦必須有一番惻怛之心、公忠體國之意。而豪傑的精神，乃是一身載道、平地興起者；俠義之士橫面的主持社會正義；氣節之士以身守道，與道共存亡，皆同有一風骨在。由此崇敬之人物的不同，可看出西人所重者在其絕對堅強的意志和偉大的才氣，而中國人所重的則主要在德性。

再就中西方所崇敬的最高人格來說，唐先生認爲西方最高的人格乃是宗教人格。西方的宗教家或聖徒希慕天國，求超脫生死而入於永恒以求與一純

〔註23〕此處所述唐先生之論中國文學之特色與價值，乃參《價值》，頁 317～348。

粹的絕對精神存在接觸，其生命的安頓不在此世間，而在一超越的世界，事業、眞理、美、功勳對彼皆無價值，乃是西方人格世界中表現一最高的超越精神者。而在中國，宗教人格有高僧和隱逸、仙道之徒，除了宗教人格外，還有道德人格，此又有獨行人物和聖賢兩種，其中中國人所崇定的最高人格乃是聖人孔子。耶穌在唐先生看來乃是屬於「超越的聖賢」，而孔子則是「圓滿的聖賢」，蓋前者唯顯一超越的精神，而孔子則一方面有如天之高明而涵蓋一切的超越精神，可以超越一切學問家、事業家、天才、英雄、豪傑的境界；然又不如宗教家之視此一切如浮雲過太虛，而對一切人生文化事業，皆加以承認其有價值，見一一是實、無一是虛，由此亦顯如地之博厚而承認一切的持載精神。儒家的精神不只一往超越，而是「似現實而極超越，既超越而又歸於現實。」（《價值》，頁416～417）在孔子精神前「大地不必平沉，山河何須粉碎？皆永恒之大明之所周佈矣。現實世界，由此得被肯定有所依，而參贊化育曲成人文，利用厚生之事，皆得而言。」（《重建》，頁 239）此即孔子精神之所以圓滿。〔註24〕

七、論中國宗教精神與形上信仰之價值

面對今人所謂中國無宗教的說法，唐先生要肯定中國宗教精神的價值，便先要交待中國傳統思想有無宗教的問題。首先，唐先生承認與西洋印度相較，中國人的宗教精神的確較淡薄。此乃是因爲在中國社會人文的環境下缺乏宗教要求之動機的外緣條件，加上儒道二家的人生智慧皆不爲自己而信神求不朽，或專以捨己救世爲事，或當下灑落自在，由此中國人的宗教信仰必然不免淡薄。然此在他看來，如與一般人信宗教之多出於爲己的動機以信神求不朽相較，實表現一更高的精神境界。不過，他並不同意由此而說中國無宗教（但可以說其非「一般宗教」）、儒道思想中無宗教精神的說法，而主張「中國文化非無宗教，而是宗教之融攝於人文。」（《價值》，頁 7）先秦儒家於上帝或天的存在，雖未嘗如西方宗教明顯的視爲一人格，更未嘗如西哲之勤求證明上帝存在之道，然實亦未嘗否認其存在，孔子有知我者其天乎之歎和畏天命之言，孟子有盡心知性則知天、存心養性以事天之說，此乃顯示孔孟之天爲一「絕對的精神生命」，而非只爲一無精神感覺所對的自然。〔註25〕

〔註24〕參《價值》第十三章及《重建》之〈孔子與人格世界〉。
〔註25〕唐先生之所以解釋孔孟之天爲「絕對的精神生命」，關鍵實在於唐先生認爲圓

而這種形上的精神實在的信仰，在後來的中國思想中一直保存下來，而具備一對天的宗教精神。

在唐先生看來，中國人對天的信仰與耶、回對上帝的信仰，最大的不同在後者特重上帝的超越性，而較忽略其內在性。在回教中，因無三位一體、上帝之子化身為人而為人贖罪之說，其上帝顯尊嚴的天德，而不顯地德，以持載人間世。基督教固有此說，然因視人以外的自然界為無本身價值，又不甚重一般人文，故上帝不能真承載自然界、人文界，此即泛神論思想在基督教為異端之故。然在中國思想中，則於天德中開出地德，如易經即以乾元統坤元，以天統地，乾坤並建，天地並稱，天乃是遍在於自然界而以化生萬物為事，真有持載自然界的地德。故天一方面不失其超越性，在人與萬物之上；一方亦內在人與萬物中。在中國人的宗教精神中，除了開天地為二外，另一方面對於天與人的關係，乃講人「先天而天弗違」、「後天而奉天時」，肯定「人之先天性與人之後天性」與「天之先人性與天之後人性」，無天道，人道固無所自始；無人道，天道亦無以成終。天德高明，地德博厚，而通此高明與博厚，以成就人格人文世界，裁成自然界者，人也。由此中國的宗教精神遂不如世界上其他宗教之多以上帝為絕對之自完自足無所待者，而必以天地人三才並重、肯定人格世界人文世界與上帝並尊。〔註 26〕

此種天地人三才並重的宗教精神表現出來的宗教性活動即是中國人過去的三祭——對於天地君親師的祭祀，〔註 27〕唐先生認為三祭之禮正表現中國宗教精神乃是涵具一更圓滿的宗教精神者。我們暫且分兩點來說：第一，在西方宗教中，人的崇敬意識恒只能集中於一先知、教主，以達於上帝，而中

滿的道德教除了講心性論外，亦必須要講道德形上學，故他說：「即孔、孟之思想中，如只有人道或人之心性論，而無天道、天心之觀念，或其天道只是如今日科學中所言之自然之道；則人之心性與人道人文，即皆在客觀宇宙成為無根者，對客觀宇宙，應為可有可無之物。人死之後縱得靈魂不朽，亦均在客觀宇宙，如無依恃之浮萍。諸個人之心，亦將終不能有真正貫通之可能與必要，宇宙亦不能真成一統一性之宇宙。孔、孟之思想而果如是，何足言致廣大而極高明。」（《價值》，頁 448）而勞思光先生不取此義，而重在以道德心性論論儒學，故同樣的資料如孔子之「知我者，其天乎！」在他看來卻是「此中『天』字是習俗意義，孔子有時自不能免俗，亦偶用習俗之語。學者不可執此等話頭，便曲解其全盤思 1986，頁 147）

〔註 26〕二段之意乃參《價值》，頁 439～464。
〔註 27〕關於三祭是否涵宗教性，亦是近人所爭論的一問題。唐先生是認為三祭中明含有宗教意義的。此可參《發展》，頁 382～386。

國儒家則遍致其崇敬於一切當敬之人物，敬祖宗乃是敬天地之德表現於自然生命世界者，敬君乃是敬整體的人類社會的表現；敬師與各種聖賢人物則是敬一切人格世界之人格與人文世界全體的表現。因此，在唐先生看來中國的三祭可說是世界上一切宗教中，人所崇敬者所及之範圍最廣的。第二，儒家三祭的精神根本上極高明的一點，即在於它非依人的需要而立。唐先生認為世界上其他宗教「皆可謂只重消極的拔除苦痛與罪惡。」「中國之宗教思想，則尤重積極的肯定保存一切有價值之事物。」（《價值》，頁 467）基督教思想，以人生而有罪；婆羅門佛教思想，則以人自始為無明、業障所縛，他以為「至此即發生有一極重要之問題，即人如根本不信原罪，不信人生是苦海，是否尚有理由，勸人必求神拜佛，而表示一宗教性之活動？或假定人已去其一切罪，眾生已拔盡一切苦，是否基督教佛教，尚有有在之必要？即不對照人生之苦罪，宗教性之活動是否可能？」（《發展》，頁 392）在中國之三祭中乃是出於大報本復始之意識而祭，而別無所求者，苦當祭，樂亦當祭，有罪無罪皆當祭，即使吾人靈魂皆至天堂、極樂世界或另轉他身，亦仍當祭曾生於此世界之祖宗聖賢一度存在的有價值的生命。這種儒家的宗教精神乃是真正能使人宗教性活動成為無條件的正當者與永恒的必然存在性的宗教精神。〔註 28〕

八、中國文化精神價值之整體觀

　　以上是就中國文化所表現的各個面相分開來論其中所表現的特殊精神與價值，唐先生以西方思想中之異於中國者為背景，以突出中國文化之面目，對於中國的人生意識、文藝境界、人格精神、宗教智慧等一一加以剖解。不過，如唐先生在《中國文化之精神價值》之自序所云：「至對中國文化問題，則十年來見諸師友之作，如熊十力先生、牟宗三先生之論中國哲學，錢賓四、蒙文通先生之論中國歷史之進化與傳統政治，梁漱溟、劉咸炘先生之論中國社會與倫理，方東美、宗白華先生論中國人生命情調與美感，程兆熊、李源澂、鄧子琴先生之論中國農業與文化及中國典制禮俗，及其他時賢之著，皆以為可助吾民族精神之自覺。較清末民初諸老先生及新文化運動時，留傳至今流俗之論，夐乎尚已。……顧余仍以為憾者，則引申分析中國哲學之智慧，以論中國文化之『精神的價值』之著，而統之有宗，會之有元者，尚付闕如。

〔註 28〕參《價值》，頁 464～469；《發展》，頁 392～396。

故於此十年中，復不自量力，先成文化之道德理性基礎一書，以明文化之原理，再進以論中西文化之精神價值。」（《價值》自序，頁6）這一切的中國文化所表現的精神，在唐先生的解釋下是「統之有宗，會之有元者」。在他看來，中國數千年來的文化思想萬變而不離其宗者，乃是「依於人者仁也之認識，以通天地、成人格、正人倫、顯人文是也。」（《價值》，頁477）「余以中國文化精神之神髓，唯在充量的依內在於人之仁心，以超越的涵蓋自然與人生，並普遍化此仁心，以觀自然與人生，兼實現之於自然與人生而成人文。此仁心即天心也。此義在吾書，隨處加以烘托，以使智者得之於一瞬。」（《價值》自序，頁7～8）

環繞著此文化的中心觀念而展開的中國文化精神，就其整體而言，「有其高明精微一面，有其廣大博厚一面，有其寬平舒展一面。」（《重建》，頁242）而對人類之文化本身確實有貢獻，而有其永久不磨的價值。

欲論中國文化高明精微一面，須從中國的心性與天道之哲學透入。唐先生以為將中國先哲心性與天道合一的智慧，與世界其他文化思想中，對於心性與天道的智慧比觀，即可見「在細密分疏方面，中國學術文化，雖不如西方與印度，然在潔淨精微與高明一面，確有對人類文化永遠不磨之價值。」（《價值》，頁479）

欲論其廣大博厚一面，須從中國人格世界，及社會政治文化上去了解。前者顯天德，而此則顯一地德。吾人直接自中國今日之農民，與中國人格世界中，樸實的經學家、史學家，重踐履的儒者、理學家，方正賢良之名臣，忠君愛國之儒將，以身殉道的氣節之士，仁厚之君主，如漢光武、宋太祖，古典的文人，如屈原、杜甫，與獨行人物等人格所表現的敦厚篤實的德性，即可見一斑。

欲論中國文化寬平舒展一面，則可從中國人之自然宇宙觀、人生觀、道德觀去體會。在儒者人生理想中，對天地萬物有情而不傲視，對一切人平等的禮敬仁愛，對一切人倫關係、文化活動與際遇均一一肯定其價值，而使仁心無所不運，而又能安仁而樂即可見之。除此之外，中國社會之無階級對峙，政治、家庭宗法、文教、宗教系統之並行不悖不相凌駕，朋友尚和而不同，及中國民間日常生活中寬閒自得的情趣，與中國文藝精神中重游心於物、虛實相涵的意境等，此都是一寬平舒展的文化精神之表現。在唐先生看來，此精神乃是使中國所以能成為一廣土眾民的國家，以太平、太和為理想，而真

能樂天而安居於世界之道。〔註29〕

第三節　論西方文化應學習中國文化之智慧——兼論唐先生欲闡揚中國文化之價值遭遇的困局

一、論西方文化之根本缺點及西方應學習中國文化之智慧

在肯定中國文化之精神價值之後，唐先生便進一步論中國文化智慧之可貢獻於人類文化者，或西方文化應當學習中國文化之智慧者。

大陸學者郭齊勇先生說：「現代化從易北河以西的歐州部分向易北河以東的地區乃至向全世界推進，幾乎給這些地區都帶來了『文化危機』（每個地區、每個民族的現代化過程幾乎都是對西歐近代文化的普遍價值既吸納又排拒的雙向對流過程，在推就之間，走上了民族、文化啓蒙或現代化的特殊道路）。〔註30〕中國文化危機環繞著「西方衝擊」而展開，然如果放進整個世界史的層面來做更廣闊的透視，這種威脅實有世界性。西方文化是支配現代世界的文化，自十九世紀以來，世界各民族都受到西方文化的影響，都在努力學習西方文化的宗教、科學、哲學、文藝、法律、實用技術等等，這些都是不能否認的事實。唐先生亦承認：「以中國文化精神與西方近代文化精神相較，我們可說西方近代文化精神之見于其宗教、文學、藝術、哲學、科學，及政治經濟之事業中者，均多極表現「偉大高卓，深厚或細密之精神。其長處，人皆知之。中國未來文化中亦當攝受之。」（《重建》，頁242）

然而在另一方面，相較於中國文化高明精微、廣大博厚與寬平舒展的精神，他總覺得「西方近代學術文化之精神，只是高卓而未必高明，偉大而未必廣大，深厚而未必博厚，細密而未必精微。「（《重建》，頁242）從上一節唐先生由與西方文化相對照而凸顯中國文化精神的論述過程中，我們大致上已可看出他對西方文化根本精神的理解。不論是從西方人的自然宇宙觀、文藝精神，或他們所崇敬的人格來看，他以為西方文化多表現一無限的企慕嚮往、往而不返的精神，或者說是一往超越凡俗而直前孤往的形態。即使是西方思

〔註29〕唐先生之論中國文化之高明精微、廣大博厚與寬平舒展，參《重建》，頁242；《價值》，頁478～481。
〔註30〕參見郭齊勇，〈試論五四與後五四時期的文化保守主義思想〉，《中國文化月刊》一二一期，頁39。

想正流之理性主義、理想主義與基督教，亦多「只重在本理性以向上向外，形成理想，使之高，使之遠。」（《重建》，頁 483）此到近代即成了一永遠向前奮進的「浮士德精神」，如 Browning 說「不滿足即神聖」；Lessing 之言「如上帝一手持絕對真理，一手持永遠追求，要我選擇，我將毫不遲疑選擇永遠追求。」（《重建》，頁 243）此種文化精神的好處是易使人精神提起，表現更多的生命力、意志力以作無窮的開闢，然「根本之病則在過于精神緊張，顯力氣，或理智過於鋒利，缺寬平舒展的精神。這樣下去，則西方近代文化所領導之世界，可永在向前奮進中，然決不能使天下太平，使人生真得安頓。」（《重建》，頁 242～243）

他認為這使得西方文化至少遭遇了兩個根本的問題，「此一為如何保持西方文化之悠久存在之問題，一是如何真獲致人類之和平相處之問題。」（《重建》，頁 429）我們先從西方文化之不能悠久說。西方創造文化的民族迭代更新，一一民族不斷升起於文化世界，而又一一倒下去，幾於不能復振。西方近代文化固然極精彩燦爛，但如何能免於如希羅文化之衰亡，已有不少人憂慮及此，斯賓格勒蓋有見於此，因而預斷近代西方文化必將沒落。為何如此？蓋「文化是各民族精神生命之表現，依自然的道理，一切表現，都是力量的耗竭。耗竭既多，則無一自然的存在力量能不衰。」（《花果》，頁 184）尤其是西方一往質實的表現其生命力、意志力，而顯一英雄式的偉大，強勁之氣外露，精神一洩而無餘，都是更使其文化不能長存之原。

再就西方文化不能致太平說，西方文化之歷史充滿戰爭，由戰爭以定一時代之世界霸權誰屬，近代世界在西方文化的領導下接二連三的出現世界大戰，都是有目共睹的事實。此推其原，可說是其一往直前的企慕嚮往追求的精神，使西人亦易生衝動執著，背後往往有一權力意志與之俱行。〔註31〕在唐先生看來「其所以如此，是基督教之宗教，仍有缺點。而西方之理性主義理想主義之哲學潮流，雖然極能說明人之理性之神聖的意義，確立人格之尊嚴，並建樹偉大之文化理想，使人精神向上。然仍有一最深的問題待解決，即如何在實際上，使人得常顯露其清明無私的理性，去不息的創發無私的理想，開拓無私的理想，並依之以行為，從根超化一切非理性反理性之獸性、私欲、權力意志，而令一切足以導致文化之衰落滅亡導致戰爭之原因，根本

〔註31〕如羅素、斯賓格勒即云西方人在其膨脹其文化力量於世界時，同時有一強烈的權力意志、征服意志，於是引起被征服者的反感。

不復存在的問題。」而這些問題的解決，在他看來「則除了西方人兼能眞正認識東方文化的智慧，或發展出相類的智慧，是不可能的。」(《重建》，頁 442～443)

中國文化則是自始以求文化悠久與世界和平爲一自覺的理想，〔註 32〕儒家喜論可久可大之道，求「萬物並育」、「協和萬邦」，慕「太平之世」、「大同世界」、「天下一家」，要「安天下」、「和天下」、「平天下」、「治天下」。中國文化之所以如此且事實上的確能悠久、常有太平時期，唐先生說這乃是依於中國先哲對人生的根本智慧，即仁與知、人性善、天人合德的智慧。我們前面說中國心性天道的哲學乃是最高明精微者，一方面即在於這一套修養工夫，不只是如西哲之「用我們已顯道德理性，去建立道德律，爲善去惡，完成人格，成就事業，創造文化」等等，而是要在「清明在躬，志氣如神」、「胸中無一事，浩然與天地同流」之際直接去體認操存涵養心性之全，此即是在最本源處——「道德理性之相續的表現實現之如何可能」上用功；另一面復有「省察」、「研幾」等消極工夫，重在一念之陷溺、矜持的「遇」上用工夫，而不同於西方教徒與罪惡奮鬥之說之在罪惡已彰著時才用工夫。此都不只在向上向外依理性以建立理想，同時能向內向下以徹底超化人的權力意志之根者。〔註 33〕除此之外，中國人的日常社會文化生活都是易成人文悠久與人類和平的，唐先生以爲人要自拔於罪惡，除上所言外另一面則是「使人之未能自覺或不須自覺的日常的社會文化生活，先習於一種方式，其本身涵一種精神意義，能自然的超化人之權力欲私欲。而中國儒家傳統，所宗尙所形成之中國社會文化生活——即禮教生活——正是最富此效用者。」(《重建》，頁 508)中國人的日常生活富精神意義，乃至文學、藝術等方面皆處處求有餘不盡，皆是善於安頓潤澤人生，以成悠久致太平之道。

二、論唐先生欲闡揚中國文化之價值遭遇的困局

對中國文化精神價值之闡揚可說是唐先生一生文化事業的重點，勞思光

〔註 32〕除中國外，印度亦富和平悠久之智慧，然唐先生以爲印度文化精神的核心在宗教，不重歷史，亦未嘗自覺的求文化悠久，好和平亦由於宗教使人精神內斂；因此印度文化之悠久和平，乃只爲印度精神附帶的產物，而不似中國文化自始以求文化悠久世界和平爲一自覺的理想，此可參《重建》，頁 496～497。

〔註 33〕參《重建》，頁 497～505。

先生在其〈成敗之外與成敗之間〉一文甚至說：「但就唐先生所主持的文化運動說，我總覺得唐先生的言論和他所培養的風氣，常是偏於宣揚中國文化的優越性一面。」在他看來，現階段的中國文化，既以衰落爲特徵，要在這個階段中使中國文化由衰轉盛，第一個關鍵顯然在於「如何了解衰落的原因」，他認爲除了講中國文化的優點外，缺點也是要強調的。唐先生之致力於宣揚中國文化的優越性「這樣，中國文化運動原是要扭轉衰落現勢，結果似乎避開衰落問題。這樣運動的要求便與當前歷史問題有一種不相應的意味。這種『不相應』對於運動的成長便生出極大的阻力」〔註34〕由於這種「不相應」，曾昭旭先生雖云「唐牟所以成爲當代新儒學的重鎮，是有學術發展的理路可循的公是公非，這一點應爲吾人所平心肯認。」然亦不得不感慨「但是，如果就現實際遇來較論唐、牟兩先生，卻又令人覺得頗不均衡，有虧唐牟並稱之義。牟先生持論精采，弟子眾多，在學術界的份量日益增強，唐先生之學則似乎式微了」。〔註35〕

　　我們這個時代，如杜維明先生所說：「現在的狀況是，從西方進來的一些比較膚淺的東西，只要點一點兒火，就會迅速蔓延；對於傳統文化，又往往只從民族主義、愛國主義、中國人的特殊性格等等角度來討，在這種討論中所肯定的，基本上是膚淺的、政治化的東西。眞正能夠比較健康地體現中華民族優良文化傳統的研究，往往少得可憐。五四以來，儒學要麼被政治化，要麼被當作封建遺毒給揚棄掉，根本無法進入一個不亢不卑仰首闊步的新境界」。〔註36〕在這個中國文化衰微的時代裡，要闡揚中國文化的優越性，甚至要西方文化學習中國文化的智慧，其阻力自然很容易想見，如林毓生先生便批評：「唐君毅缺乏批評精神」、「我們從唐先生的書中，很難找出他對中國傳統文化的嚴格批判，因爲他在心情上不願那麼作。假若每件事都在『鏡子』裡發光，都有正面的、合理的意義，中國的傳統當然無法加以批判了；這樣便易流於剛才余英時先生所說的，在中國傳統裡『找安慰』。這樣做，最無說服力。做爲論式而言，最不易成立。」又如劉述先生所說的：「看到他們這樣做，當時對那個宣言個人覺得有些好笑，爲什麼好笑呢？等於說在現實上，

〔註34〕參勞思光，〈成敗之外與成敗之間——憶君毅先生並談「中國文化」運動〉，《紀念集》，頁155。
〔註35〕參曾昭旭，〈唐君毅先生與當代新儒學〉，頁18。
〔註36〕參杜維明，《儒家自我意識的反思》，頁242～243。

你是一個非常貧窮的人，然後你對那些富有的美國人發表一個宣言：『你們的東西都很差勁，我們的這些東西都比你好。』顯然，在現實上這樣一個宣言，注定了沒有甚麼作用」。〔註37〕唐先生以弘揚中國文化精神爲理想，而一生挫折重重，不過有些問題是必須在「成敗之外」來了解的，英雄的內在的品質，是不受外在成敗的決定，更何況是一個代表理想的哲人，原不受事功層面的限制，其價值自應成「成敗之外」來了解。〔註38〕

　　唐先生對中國文化的缺點的確較少著力去說明（不過，要說明的是與其說唐先生不言中國文化之缺點，不如說他是認爲我們必須先講優點以對自己歷史文化生一信心後，再不諱言己短），〔註39〕如放入整個時代的文化風氣來看，即使他「不相應」而恒生阻力，然則對整個時代風氣卻不無平衡的作用。我們說過唐先生之所以要特別去闡揚中國文化之價值乃因五四以來誇張中國五之糟粕、一味菲薄固有、肆意自詆之風而起，事實上這種好對傳統作懷疑、批評的心態流風一直及於今日，如余英時先生說的：「中國的思想主流要求我們徹底和傳統決裂。因此我們對文化傳統只是一味地『批判』，而極少『同情的瞭解』。……對傳統進行猛烈批判的人也常說『取其精華，棄其糟粕』之類的話，可惜只是門面說，不過爲『批判』找藉口而已。……甚至以宣揚儒學爲號召的人也動輒以『批判』自評，唯恐別人笑他『保守』，笑他不夠『進步』或『激進』」。〔註40〕又如杜維明先生所說的：「現代的年輕一輩，有兩個問題。一個是他們首先在感情上排斥儒家，所有的理解都是從批判入手；另外，在真正的學術思想這個層面，他們對儒學很生疏、很隔膜，對儒學比較精彩的內涵，幾乎沒有接觸。我想只要是思想敏銳的人，都會感到這種情形非改變不可」。〔註41〕林毓生批評唐先生缺乏批評精神，殊不知唐先生在此乃是有過之而無不及，這個時代批評傳統文化乃至知識分子間相互指責批評，其弊正

〔註37〕 參《中國論壇》第十五卷第一期，頁 20、22。
　　　　關於林毓生先生對唐先生的批評，實出於扭曲誤解，此可參劉國強〈誰是一廂情願的了解——對林毓生教授批評唐君毅先生的哲學之確定看法〉，《鵝湖月刊》1984 年 2 月一〇四期。另可參楊祖漢〈關於林毓生氏對唐君毅先生的評論〉，《鵝湖月刊》1983 年 3 月九十三期。
〔註38〕 參〈成敗之外與成敗之間〉，頁 152。
〔註39〕 此態度可看《價值》，頁 492。
〔註40〕 參《猶記風吹水上鱗》，頁 238～239。自由派之言對傳統進行「創造的轉化」亦可作如是觀。
〔註41〕 參《儒家自我意識的反思》，頁 171。

在於批評精神過多而對傳統文化之價值認識不夠，而非在於缺乏批評精神。唐先生之能超越這種消極的批評精神而積極的肯定中國傳統文化、乃至肯定世界其他文化之價值，在此時代更顯難能可貴。

　　勞思光先生雖認為唐先生的文化事業有所不足，然亦說他的精神方向「顯示出中國文化方向要擺脫外來種種歷力和迷誘的要求，顯示出中國這個民族要衝破歷史的困局而卓立天地之間的要求；縮小一點說，更直接顯示中國知識份子擔承歷史文化的重擔的精神氣概。」在近百年的中國歷史背景下，「它正如夜空中一星高懸，雖是孤明，正是照著歷史道路的確定方向。」而不得不許唐先生的文化運動乃「代表一個真正的中國文化運動」。〔註42〕

　　唐先生之論中國文化之價值，如同曾昭旭先生所說：「的確，中國文化的龐雜糾纏，許多都是經過唐先生的釐清，才透顯出其間的優美，而得以為我們所領略讚嘆的。唐先生一生志業在此，此所以為『文化意識宇宙中的巨人』。」〔註43〕

〔註42〕　參〈成敗之外與成敗之間〉，頁 152～153。
　　　　此外，如龔鵬程先生《傳統、現代、未來──五四後文化的省思》亦指出：「綜括來說，批評新儒家及傳統儒學的人，大體上只是套用了西洋現代思潮其文化傳統之批評架構……新儒家表面上是較保守的，但其對應的、所思考的，確為中國文化在面臨西洋衝擊時的調適發展之道。其思慮所得之恰當與否，自可再予檢討。然而現今批評新儒家，貌似開明進步者，卻根本未曾面對中國的問題，亦未發展出屬於自己的思考模式與批評架構，故儘管挽強弓、控硬弩，射的卻是旁人的靶子。」（頁 246）。
〔註43〕　參〈唐君毅先生與當代新儒學〉，頁 21。
　　　　「文化意識宇宙中的巨人」為牟先生對唐先生一生學行的總判語，見〈哀悼唐君毅先生〉，《時代與感受》（臺北：鵝湖出版社，民國 77 年 10 月），頁 272～275。

第六章　中國文化之重構觀
──兼論唐先生對西方文化之態度

引言：中國未來立國的文化賴立基於中國文化精神本原而廣度的吸收西方思想

　　在本章我們首先將扣回第一章所提到的唐先生對中國百年來五大文化問題的思索，這五大文化問題在唐先生看來「可謂爲中國近百年，關心中國文化前途者，所一直思索的。吾自開始能自動讀書用心之日起，亦一直有此問題在心，及今已近三十年。」而且「百年來之文化思潮，亦即在此各種可能的答案中輪轉，循環往復，如在漩流。」(《價值》，頁 474) 而這一切的糾結又可以說是環繞著我們如何看待中西古今的文化（中西文化與古今文化本是兩個不同的範疇，然此二範疇在西方卻因文化單向直線進化論而糾結在一起；在中國則在西力衝擊背景下認同了以中國文化代表傳統，以西方文化代表現代的看法）而展開。

　　從第二章到第五章的討論，我們已可看出唐先生欲綜攝與調和中西古今的文化理想的用心。此一綜攝、融合之所以可能，乃是植基於唐先生立本明體的主體哲學，此主體（道德主體）是一無限的眞誠惻怛的仁體，它肯定一切、涵蓋一切、持載一切、生發一切，故由立人極而來的人文方向，同時即是人文主義的文化方向──對文化的全幅尊重與肯定的文化方向。由此他肯定中西文化，亦肯定古今文化皆有其價值。然此又非以中、西、古、今文化的某一組文化爲是否有價值的判準，他明言：「其實現代與古代之二名，並無

價值上之涵義。」（《重建》，頁 294）中西二名亦是如此。真正的判準只能是在理性理想本身——「有價值無價值，真與不真，善不善，美不美，適宜與否，利與不利等之辨別」（《重建》，頁 294），以理性理想本身來肯定與保存中西古今文化之有價值之處。

唐先生此種對中西古今文化之價值俱加肯定的精神，便和五四知識份子之以中國傳統文化為古代的、落後的文化，西方文化為進步的文化，乃至在西方文化中又認同了科學與民主為唯一的價值標準的態度相當不同。這即表現在他認為「中國未來立國之文化思想，必須有待於吾人一面在縱的方面承先啓後，一面在橫的方面，作廣度的吸收西方思想，以為綜攝的創造。」（《重建》，頁 298）不過此綜攝的創造又非是拼湊的，或者是折衷的——如以兩杯冷熱水兌成若干杯各種溫度的水一樣；而是文化精神內部的發展——立基於傳統而開新、啓後，立基於中國文化之精神本原，再廣度的吸收西方思想。由此綜攝古今中西文化而成的文化理想，正是我們在第三章所說的文化的一本多元，即「以德性為中心而全幅開展的人文世界」。

在第四章我們把討論的重心放在論中國未來文化之創造須在縱的方面承先啓後，要繼承傳統而非反傳統，本章則把討論重點放在橫的方面之以中國文化之精神本原為基點而作廣度的吸收西方文化之上，並由此進而論唐先生對中國文化在吸收西方文化後而有的文化重構觀之面目。

第一節　為什麼要吸收西方文化
——中國文化根本缺點之反省

在唐先生看來中國未來文化之創造，在橫的方面，一則賴我們要保存中國歷史文化之有價值的方面，要對中國之歷史文化有自信心：一則賴我們廣度的吸收西方文化思想。為什麼要吸收西方文化思想？此實由於中國固有文化有所不足，而西方文化正可補其間所缺之故。

面對五四以來之菲薄固有文化之風，唐先生一生致力於闡揚中國文化之精神價值，而說「祖先之生命，即我之生命，祖先之文化精神，即我之文化精神，我何忍踐踏它？」「如果我個人之生命精神，所自生之祖先之生命精神，及祖先所造之歷史文化，皆無價值，則我這個壞種，是否有價值小是可疑的了。」（《重建》，頁 131～132）對中國文化之缺點較不忍多言，即使要說

也必須先肯定中國文化之價值再說,「吾人如先肯定中國文化精神之價值,並依人禽義利之辨以立根。吾人將不諱言中國文化之短,以至強調吾人之短,以便改過。」(《價值》,頁 492)如此才不致於喪失民族自信心。不過,在西力衝擊下,「中國近百年之文化,至少在表面上可謂之為西方文化次第征服中國傳統文化之歷史,或中國文化在西方文化之衝擊前,一步一步退卻,而至於全然崩潰之歷史可也。」(《價值》,頁 473)對於中國當前文化之衰勢,他畢竟還是要對中國文化之缺點提出說明,因此,唐先生五大文化問題的第二個問題即是──「中國文化究竟有何缺點?如無缺點,何以近百年來,至少自表現觀之,中國社會之變革,乃由西方傳來之文化思想為領導?又何以中國現在淪至如此悲慘之國際地位,人民遭遇如此深之苦難?」(《價值》,頁 473)

那麼中國文化之缺點何在?唐先生以為:「中國文化之精神,在度量上、德量上,乃已足夠,無足以過之者,因其為天地之量故也。然文理上,確有所不足。亦可謂高明之智,與博大之仁及篤實之信,皆足,而禮義不足。因而必須在內容中充實。」(《價值》,頁 494)這也就是我們在第三章講文化一本多元論時所提到的,中國文化根本精神為「自覺地求實現」,而非如西方之「自覺地求表現」的看法。他認為中國文化「自覺地重實現」的精神,「若偏重於視人文為人之心性之實現或流露,人文若唯在人整全之心性所包覆涵蓋之下,直接為陶養人格精神之用,未真著重其客觀的表現吾人之精神之意義,求先展開為一分途發展之超個人的人文世界。」(《價值》,頁 518)這使得中國文化之傘未撐開,只能卷之退藏於密,而不能放之彌六合,導致四肢不靈,枝葉凋零,原先的軀幹(喻德性的一本)亦日以孤寒,這導致了中國文化的危機。相對於此,西方文化的根本精神則是「自覺地求表現」──即「精神先冒出一超越的理想,求有所貢獻於理想之精神活動,以將自己之自然生命力,耗竭於此精神理想前,以成就一精神之光榮,與客觀人文世界之展開。」(《價值》,頁 496)由此而其文化能多端分途開展。因此,中國文化欲求充實,有待於吸收西方文化之精神,以由其原來的「自覺地重實現」精神,開出一「自覺地求重表現」的精神。〔註1〕

唐先生此反省,明顯的乃是連著他心目中的文化理想──以德性為中心而人文全幅開展的要求,由此所作的檢討。那麼,是不是除此以外中國文化

─────────────────────
〔註1〕　參第三章第二節。

就沒有缺點了？自然不是。而這如我們前面所說，的確是唐先生較少著力去說明的。他之所以不去強調傳統文化的陰暗面，除了我們常說的由於近代以來思想史的大背景——五四以來的肆意詆毀傳統文化之風，使之覺得最迫切的不再是陰暗面的挖掘，而是中國文化真骨髓的闡揚外；就唐先生內部的哲學體系看，也是有脈絡可尋的。大體說唐先生的哲學，如他自己在《人生之體驗續編》所說的，由基于對人生向上性的肯定，與由此而展示的一個為形而上之真實完美之價值自體的光輝所彌綸的世界，使得他「本此眼光所看出對客觀的人類文化之根源，亦即一道德理性之在各方面之文化意識中，表現它自己。」（《續編》，頁 435）由此自然較不會繪影繪形的去強調文化的負面因素。〔註2〕因此有勞思光先生在〈成敗之外與成敗之間〉之說，杜維明先生亦贊成其說：「他認為第一個難題是熊十力、梁漱溟、唐君毅、牟宗三、徐復觀等（案：在勞文中本單就唐先生說，此諸先生中亦以唐先生為最）。對於儒家思想同情的了解，多過於批判的分析，因此對於儒家文化為什麼在傳統中國受了政治化影響以後，同專制政體和封建制度結合這個大公案沒有很清楚解釋」。〔註3〕因此在他們看來，唐先生對中國文化之缺點與衰落原因的了解，所作的工作仍是不足的，而有待於我們做進一步的努力。

第二節　論如何吸收西方文化

一、自作主宰精神氣概之建立
——對百年知識分子接受西方文化之心態的反省

　　唐先生以為中國文化精神雖然確有其永久不磨的價值，然發展至今，與西方文化對照而論，亦確顯出其有種種缺點（儘管他對中國文化之缺點的反省尚不足），因此他同意「中國近百年對西方文化中科學民主自由精神之接受與攝收，亦為一不自覺的擇善而從之理性所支配。」（《價值》，頁 475）他並不同於

〔註2〕唐先生對文化負面因素的看法和對生命負面的看法有關，即使到晚年他雖亦同意「要把罪惡的東西認明白，才能夠超出罪惡，祇是認明白善還不行。」但仍以為「要照見罪惡，不完全是客觀的理解，還要帶一點佛學的精神，要多一點悲憫的情感配上去來開，不然把罪惡的世界完全暴露出來，這個也不得了，會把人害了。」（《病裡》，頁 174）
〔註3〕參杜維明，《儒家自我意識的反思》（臺北：聯經出版公司，1990），頁 214～215。

固步自封的守舊派之以此吸收西方文化之事爲不當。與其說他與西化論者的不同是在要不要向西方學習，毋寧說是在以什麼態度來向西方學習上。

　　唐先生對百年來中國知識分子之接受西方文化的態度作了一個整體的反省，他認爲自胡林翼看見長江中的外國兵艦而嘔血病倒起，「中國近百年來之與西方文化接觸，是從一恐怖與怯弱之感開始。連帶而生之情調，是對西方文化之羨慕與卑屈之感，與自己之發憤圖強，迎頭趕上之善意，互相夾雜。」（《重建》，頁 29）百年來，由清末民初學日本之富國強兵，再變爲新文化運動時之批判傳統文化，提倡英美之自由主義，講科學與民主；三變爲九一八以後，一部人之提倡德意思想；四變爲共黨之一面倒於蘇俄。現在一般知識分子，善以反俄之思想憑藉，仍主要爲五四時代新文化運動之科學民主之口號，亦尚有人不免有德意法西斯思想之遺留。而貫徹其間的始終是這種自卑情緒與功利動機。加上由此而來的一文化思想上的不正確之觀念──即胡適先生所謂的「文化賽跑，中國跑在後面」之說，更使得知識分子的精神侷促於所從之師與一國的學術傳統，而難有文化之創造。蓋唐先生認爲「凡以卑屈羨慕之態度學習他人之文化精神，皆不能眞曲盡其誠。」「人人只自功利之動機出發，而只想利用科學與民主，以爲達實際民族國家之富強、政治之穩定、政權之維持等目標之工具」，那麼即「未能眞正直接肯定西方科學、民主、自由、宗教之本身之價值，正面承擔西方科學、民主、自由、或宗教之精神。」（《價值》，頁 484～485）而文化賽跑之說，「這種說法用以激勵國人努力，其心不可厚非。然只知自後追趕，而不知綜合貫通，便不能眞激發知識分子之創造精神。」（《重建》，頁 326）以此情此眼來領導文化思想，便恒不免在中西文化相衝擊下偏偏倒倒，乃至使百年以來在中國的各種西方文化思想之失勢與得勢，幾乎皆隨他國在國際上強盛衰弱之勢而轉移，終至隨風勢歪倒而沒頂漂流，不能立國。〔註4〕

　　相對於五四以來一般知識分子「傳統組礙現代化」的牢不可破的成見，把中國一切的苦難與百年來文化運動之失敗都記在傳統文化的賬上，而不能對所接受的西方文化與其態度、方式作一超越的反省，如余英時先生所云：「我們都知道，儒家在大陸幾十年來一直是馬列主義的最大思想敵人之一，並且被官方哲學家『批判』得體無完膚，可是馬列主義所給予中國人的一切苦難卻依舊要記在儒家的賬上。這確是很難懂的邏輯。我們大概只有從『五四』

〔註 4〕　參《重建》，頁 290、296～298、326；《價值》，頁 475、483～485。

以來激烈的反傳統的潛意識中去尋找解釋：馬列主義是『現代的』而且是『西方的真理』，因此不可能出問題。馬列主義之所以『不靈』是由於它受了傳統儒家的侵蝕。至少在有些知識分子看來，儒家的正面理論雖然已無人理會，它造成的『文化心理結構』則還在暗中支配著中國馬列主義者的思想」〔註5〕唐先生的這種反省毋寧是較之更勝一籌的，他認爲「此失敗，一方固然證明中國固有文化思想有所不足，同時亦證明，片面的強調西方思想之某一型者，同樣不能建立國家。」（《重建》，頁298）〔註6〕

對這百年來知識分子之接受西方文化的過程作一歷史的宏觀後，唐先生認爲這「一切的毛病，還是出在百年來中國知識分子之在精神上、意識上、心靈之所嚮往者上，不能頂天立地而站住。」（《重建》，頁289）因此，中國文化要有出路，他以爲首先即「必須徹底改變以往的卑屈羨慕的態度，而改持一剛健高明之態度。」（《價值》，頁475）此態度之樹立則賴知識分子自作主宰的精神氣概之建立。那麼知識分子要如何能有此氣概？唐先生說「這個氣概，上不自天來，下不自地來，中不自他人來，而只由自己對自己之內在的人格尊嚴，與無盡的不忍之心之自覺來。亦即由人之自覺其是人來」（《重建》，頁292）。〔註7〕當然人要自覺其有無盡的不忍之心與人格尊嚴，此有賴於一生命的學問，或精神修養的學問。〔註8〕

〔註5〕 參余英時，《猶記風吹水上麟》（臺北：三民書局，1991），頁235～236。大陸知識分子的這種心態可以金觀濤〈當代中國馬克斯主義的儒家化〉爲代表（見民國77年，新加坡國際儒學會議論文）。

〔註6〕 故吳盷先生說：「後來我讀了一點他們（案：指唐牟等新儒家）的書，才知道他們深通西方文化和哲學而不是西化派（他們比西化派人物更懂西方），深通中國文化和哲學而不是一味守舊派（他們比保守派人物更懂中國文化），他們原是超越于一般西化派與保守派。」（吳盷〈如何認識唐君毅先生和中國文化運動〉，《紀念集》，頁532）之所以能如此，關鍵即在於唐先生是在中西文化之上找出路、作反省的。

〔註7〕 我們在四、五章雖致力於說明唐先生之闡揚中國文化之優點以增加我們對中國歷史文化的自信心與氣概，不過，事實上唐先生認爲此猶是第二義以下的說法，他說：「說到中國知識分子之氣概的泉源，讀者或以爲我要提出我們對中國歷史文化之自信心，由此自信心，便可培養我們的氣概，我們之接受西方文化，便不致出自怯弱、羨慕、卑屈之態度了。不錯，這是我願永遠重複說的。但是此尚是第二義以下。我是中國人，我當然有對中國歷史文化之自信心。但是我們只須直接自覺我是人，人人便都可有一頂天立地之氣概，一個人亦並非必須想著他所在之民族有光明燦爛之歷史文化，才可有氣概。」（《重建》，頁291）

〔註8〕 參《病裡》，頁97：「但人要能接受文化、創造文化，則係於生命主體之健康

　　這氣概或態度本身是空的，在樹立此氣概、態度以後，底下還必須不斷充實以具體的內容。不過，唐先生認為「中國問題之旋轉乾坤的樞扭（案：當為「紐」字之誤），正在此似乎空洞不切實際之態度之樹立上。」（《重建》，頁 289）因為固然有此氣概、態度後尚須充實以具體內容，然而「人若無此氣概，則一切充實皆不可能」。（《重建》，頁 328）

二、廣度的吸收西方文化思想
——平觀英型美型德型文化與近、現代精神與古典精神

　　在去掉勢利心而樹立自作主宰的精神氣概以後，唐先生認為我們在原則上應擴大一般流俗的眼光，建立一涵蓋西方文化思想全局的風度，以一種「整體的巨觀方式」〔註9〕來看西方文化，而不以西方文化的某一國某一時代之標準為標準。此重要者有二：「一是英型美型之思想，與歐洲之德國型思想之並重。二是我們不能蔽於現代化之一名，二祇注意西方近代文化中之科學精神，工業精神等，而看輕西方文化中由中古傳來之宗教精神，及由希臘下來之審美精神與哲學精神」。（《重建》，頁 299）

　　關於英美型思想與德型思想要並重，唐先生此乃是針對中國流行的西方文化思想以英美型為主流而說。在中國由於一些實際的原因，如中國首敗英，教育定英文為第一外國語，英美留學生最多，第一、二次世界大戰皆與之並肩作戰，反共抗俄又賴美援等外緣，加上英美思想所重之民主自由，又為直接反對極權易引動人情緒者，這使之成為主流。而由兩次大戰的仇恨與民族傳統思想之不同，英美思想家對德國思想家之批判，總欠公平。〔註10〕由是中國知識分子便往往跟著英美思想家罵德國之文化思想，如杜維明先生所言：「推崇英美自由主義的學者常不自覺地就暴露出對歐洲大陸哲學，特別是德國哲學的偏見和無知」。〔註11〕唐先生以為我們必須要超越英美文化之上，

　　　充實而有力，無內在的病痛。而對此生命主體之力，有信心，此則賴於一生命的學問，或精神修養的學問，則中國傳統之儒佛道之內聖之學，以及其他宗教之靈修之學，都有用處，可容人自擇；但不能不有此學，以成就此生命主體之力的信心。」我們講中國文化之返本首善重生宋明儒精神，其道亦在此。

〔註 9〕語參林安梧，《現代儒學論衡》（臺北：業強出版社，1987），頁 49。

〔註 10〕如羅素之譏笑柏格孫的哲學是騙巴黎的婦人，謂菲希特是鄰於瘋狂之人，而於黑格爾，亦論之以輕薄的態度。（參《重建》，頁 301～302）

〔註 11〕參杜維明，〈一陽來復的儒學——為紀念一位「文化巨人」而作〉（聯合報，

對西方文化無整體觀，不能尾隨其後罵德國文化思想，因為「近代西方文化思想，說精神深度，氣魄雄大，畢竟以德人為第一。」「由康德至黑格爾，對於理性、理想、自我、精神、文化、歷史諸概念之說明，與中國傳統思想，正多相通」。〔註12〕而且「德國思想家之更重國家、重法律，與英美之更重個人，重自由民主，正可互相補足」（《重建》，頁 302～303）。〔註13〕因此，在他看來對此二型只有平等的接受，方合中國之需要。

除了要平觀英美式與德式文化思想，對之俱加肯定吸收外，唐先生要我們平觀西方的近代精神與古典精神。我們在第四章曾提及西方近代自啓蒙運動以來的反傳統之風，中國數十年來一般知識分子受此風之影響，亦只偏自中古文化的缺點去看，一說中古文化便想到黑暗時代、蠻人南下、神學獨斷、異端裁判所、教皇專制、宗教與科學、啓示與自由思想之不相容等等。不過，唐先生認為經過近代西方文化思想之洗滌，這些中古文化之病大體已除，而近代西方文化之病徵反日益彰著。如同伽達瑪的批評：「啓蒙運動所強調的理性與反傳統，正是朝向理性貧乏的道路」，〔註14〕因此，唐先生要我們「不只以近代思想之標準為標準」、「亦不能隨便去接受文藝復興啓蒙運動以來之人對於西方中古文化之批評。」（《重建》，頁 307）舉例來說，西方近代文化之重量而忽質的缺點，幾乎是有識者之共識，而中古表現在宗教哲學文學社會上之階層觀念，乃是由承認各種存在有價值層次上之不同、性質高下之不同而來，唐先生認為此可以補近代文化精神重平面的發展、數量的增加、外在的效用，而忽略各種存在性質價值高下之別的缺點。〔註15〕

能對英美型德型與古今精神並重，並對之施行一理念上的綜合貫通，如此才談得上文化的真實創造，而唯有透過此廣角鏡來審視西方文化，我們才能真正看清楚西方文化，知其長處，亦知其局限，而不為人所蔽，否則一切都只是隨人腳跟、隨人言語而已。很不幸的，即使到今天中國思想上一般的

民國 71 年 2 月 2 日），後收在《儒家自我意識的反思》。

〔註12〕 因為有此相通，故新儒家如唐牟之欲融合中西文化，皆以德國哲學作為融合的橋樑，如唐先生之於黑格爾，牟先生之於康德。

〔註13〕 今人一想到德國國哲學，便想到侵略主義與政府集權，然在唐先生看來此是出於誤解，其實以黑格爾的國家哲學為例，他在原則上對國家與政府之分，實很清楚，說尊重國家並不等於擴大政府的權力。參《重建》，頁 303～304。

〔註14〕 參龔鵬程，《傳統、現代、未來──五四後文化的省思》（臺北：金楓出版社，1989），頁 176。

〔註15〕 唐先生此處之論西方近代精神、古典精神要並重，參《重建》，頁 305～324。

風氣仍是如杜維明先生所說：「現代的狀況是，從西方進來的一些比較膚淺的東西，只要點一點兒火，就會迅速蔓延」。〔註16〕比較起來，唐先生這種要我們擴大視野，立定腳跟，以吸收他人之長，同時擺脫其迷誘的態度，在今天仍是令人激賞的。

不過，唐先生要我們平觀英美德式文化思想與近代精神古典精神，這只是要人在存心立志上精神無所不涵蓋，再在實際行爲上爲其當下所當爲，如此才能遊刃有餘，認清西方文化，不致偏偏倒倒，所以他說：「我不是說，英美以外，只有德國文化思想才有價值。我亦不是要教人都去信基督教，或專門研究中古的文化。」事實上他亦主張「現代中國知識分子應用更多的精力，去研究近代與現代之西方科學，與工業技術，及一般文化思想。我只是說，我們之精神氣概，要不爲英美或近代精神所限。」（《重建》，頁 325）因爲「中國人如不能本科學精神，以表現一工業機械文明，則人之精神，先受委屈於自然界。」（《價值》，頁 519）因此，唐先生亦同意科學工業等乃是中國當下所迫切需要的，所以他說：「故吾人對中國數十年來，世人於西方文化之接收，特重其科學精神、工業文明之模倣一點，吾人止不取世人所持之理由，然亦並不以此爲不當」。（《價值》，頁 520）

三、引申固有文化相同之緒以全套取之

不過，即使唐先生同意科學、工業、民主、自由等是中國當前所迫切需要者，他亦不贊成民初以來知識分子之只提倡此，甚至以之爲唯一標準的態度，而要我們先放開一步。因爲在他看來，不管是科學或民主自由等精神，背後都有其一套社會文化相配合，由於此種中西社會文化背景之不同，使吾人不能驟然具備之。以民主自由爲例，他說：「大約在中國數十年來，凡提倡民主者，所以個人自由與人權爲最根本之概念，皆由於見西方之法國革命美國革命，皆以自由平等、天賦人權等觀念爲名號。然而人人忽略，此等名號所以在近代西方之民主運動中有鉅大的力量，乃由此等名號喚起西方人民各種『觀念結』與『情結』（com-plex）。而此等觀念與情結，則有數千年之社會文化之背景。」（《重建》，頁 404）然在中國由於社會文化背景之不同，則不能有此力量，「由是而民國以來新文化運動、自由主義之提倡，其效用反在使個人生擺脫各種個人之

〔註16〕 參杜維明，《儒家自我意識的反思》，頁 242～243。
　　　　 之所以如此，背後的心態仍是那種對「西方的眞理」的迷信，認爲凡是西方的即是善的，而不能超越其上，對之作反省。

家庭責任、道德責任、文化責任之想，此即純成爲一浪漫主義的自由主義。浪漫的自由主義未認定特定之爭自由之對象，與自由之具體內容，而又不知眞重法律，由法律以與吾人所爭自由以客觀的理性形式，故既未建立客觀社會之自由精神，而唯有對傳統文化道德之破壞而已。」（《價值》，頁 487～488）因此，他並不如一般人之以爲有個人自由、人權之保障及議會、政府反對黨之存在，即是政治民主的充要條件，而認爲尚須「有待於一切具聰明才智而有心之士，一面關心政治，一方對實際政治放開一步，而多著眼多用力在全面之人文社會之分途開展。亦唯此似迂闊之道路，可以建立國家，開出中國理想的民主政治之前途，以使個人之自由得客觀的保障。」（《重建》，頁 404）故唐先生在中國未來文化的創造中，便「於一般人所重之科學精神、工業文明、民主自由精神等外，復特重社會文化之多方分途發展」（《價值》，頁 515～516）（即如何開出文化的多元），以使西方文化之民主自由科學等在中國有生根的背景與得以實現的實效條件。同時他也不單提民主科學，蓋他以爲「西方之民主自由之精神，尊重國家法律，重視社會文化之分途發展，與階級意識、工業機械文明、生產技術、科學精神，實表現一整套之社會文化精神，爲同依於一對客觀超越理想之肯定，而賴之以知普遍之理，以製物，以集合人群，所次第必然產生者。其中，除階級意識可廢以外，其餘皆原自一本，相待而成，如加以分割，只取其一，則爲不備，而不免無效果，或流弊百出。」（《價值》，頁 510）因此我們必須作廣度的吸收西方文化，不能兩眼只看住民主科學，而必須對西方文化全套而取之。

其次我們再繼續討論一個問題，即我們要立基於那裡來全套取之。在唐先生看來，「一切精神與思想，須有長遠歷史的，才能是生根的，且爲公共的。如一精神與思想，全要從我們今日才開啓，縱然極好，亦要在若干年，才能成爲有歷史之根的，公共的。」（《重建》，頁 478）眞正的建國思想「兼必須能與該民族過去之文化生命銜接貫通，然後基礎深厚。」（《重建》，頁 123）中國知識分子之吸收西方文化思想，如希望在中國能生根、有實效，便不能如五四以來之「全盤西化」之以爲我們可以橫面的移植西方文化，欲徹底推翻否定中國文化傳統，以作爲向西方學習的代價。文化是不可能從零開始「再出發」的──這卻是五四以來一直有的一個很強的意願，每一種文明，都有它特殊的系統與結構，〔註17〕我們要吸收西方文化便必須考慮此中國文明的

〔註17〕同註 16。關於此問題另可參勞思光，《哲學與歷史》（臺北：時報文化公司，

特殊系統結構。因此相對於以上這種態度，他以爲我們必須立基於中國文化之精神本原來吸收，「吾人如欲加以採取，必須依於肯定客觀超越理想之精神，伸引吾固有文化中相同之緒，以全套而取之」（《價值》，頁 510）。如西方的科學技術，可引申中國文化之格物致知精神以接受之，但當加以藝術化，即使之具樂意，使技術性器物兼成文物，以轉化超過外來之純技術主義。再如西方之民主，可引申中國民貴之義以接受之，再以尊賢讓能之禮意超過之轉化之。至於西方之宗教，可引申中國傳統之敬天主義以接受之，但當只視爲三祭之一以超過轉化之。〔註 18〕此即似於中國過去之透過「格義」來吸納佛學之道。因爲要從中國文化之精神本原爲基點來吸收西方文化，因此，唐先生之寫《中國人文精神之發展》，便重在「對如何發展中國人文精神，以與科學、民主建國、及宗教思想相融通，以重建吾人之道德生活，更爲本書所特用心之處。」（《發展》，頁 1）而說「本書宗旨，不外說明中國人文精神之發展，係于確認中國人德性生活之發展，科學之發達，民主建國之事之成功，及宗教信仰之樹立，乃並行不悖，相依爲用者。」（《發展》，頁 3）而其最終的理想，則是「將西方之科學技術與民主、宗教等加以『中國禮樂化』或『中國人文化』的理想。」（《病裡》，頁 96）將之融合於中國文化的母體中，銷除一切中西文化的衝突矛盾，以復太和。

第三節　以中國文化精神爲本原的文化重構觀 ——兼論唐先生的「新」與「儒」

一、關於一般社會文化的重構觀

中國文化生命體在面臨百年來的時代挑戰，而自我開放，以接引西方文化此一新的文化元素之後，這將構成中國未來文化的一個新形態，而爲昔所無。

這個立基於中國文化精神本原，再吸收西方文化，「依十字架開出以方」的中國文化新形態的構想，根據唐生生自己的描述是：

> 所謂依十字架開出之方，即人之精神，依分殊理想，向上向外四面
> 照射，而客觀化以成就之科學知識、工業機械文明、生產技術，及

民國 75 年），頁 24～28。
〔註 18〕　參《病裡》，頁 96。

各種客觀社會文化領域分途發展，與社團組織、國家法律，以眞實建立一多方面表現客觀精神之人文世界。至於民主自由之精神，則所以爲此中「個人之精神，與客觀精神之交通孔道」之一客觀精神。而其他純粹文化，如文學、藝術、哲學、宗教等，則爲此客觀精神之文理結構之頂，又爲人之主觀精神之自由表現之所，以通接於宇宙之絕對精神者。而此一切，又皆當仍覆載於中國傳統人格精神之高明敦厚對量度量中，而爲此人格精神之表現，亦爲此人格精神之內容，用以充實陶養此人格精神生命者。此即吾所想望之中國文化之前途。（《價值》，頁 494～495）

對於這個中國未來文化的重構觀，以下我們便分別就一般社會文化與純粹文化兩方面來說。

在一般社會文化方面，唐先生認爲中國未來文化之創造須依於一肯定超越客觀理想的精神，重視科學知識世界之開闢、工業機械文明之建設，與社會各種文化領域之分途發展、建立國家法律意識，而行之以一自由民主的精神，此即是要對西方社會文化精神全套取之，以建立吾人的金字塔與十字架。

對於科學與工業在未來中國文化的重要性，如前所云，唐先生對於數十年來之吸收西方文化特重此，止不取世人所持之理由，並不以此爲不當，蓋中國人如不能本科學精神，以表現一工業機械文明，則人的精神先委屈於自然界，至少對一般人而言便無法與之言向上的精神伸展了。

就民主自由說，唐先生肯定民國以來推翻皇帝、自覺的肯定民主自由是中國社會政治之一大進步（雖然他亦以同情的態度肯定中國過去社會政治的精神價值，如我們在第五章所說），不過，他認爲如一國缺社會文化領域之分途發展，與各種社團之組織，而國家法律，又不被尊重，則自由民主精神之價值，恒不能大顯，中國數十年來，盛倡民主自由精神未有善果，其故在此。因此，在他看來「中國將來對由民主精神，進一步之表現，必須表現於人民之盡量運用民主精神，以共立一切社團國家之法，共商一切社會國家之事；運用自由向上之精神，以從事於各社會文化領域之分途發展，形成並行不悖之各種社會文化團體，爲人民有力以限制政府、督促政府，或支持政府，以強固國家之基礎；並運用自由民主精神，以共要求對政治負責，而要求對政治負責之精神，亦宜與一新道德精神結合，則自由民主之精神，使中國人精

神上達之價值，終將大顯也」。(《價值》，頁 515)

　　因此，他在一般所重之科學工業民主自由外，如前所云，他以為中國未來文化之創造須特重視社會文化之多方分途發展。這需要我們一方面保持中國傳統之識度器量上的通道之大全，再學西人之獻身於特殊文化領域，以使社會多方分途發展又平流並進。

　　此外民主自由與社會文化多方分途發展，必須與統攝性的國家法律觀念相俱，否則由各分立並存的社會團體組織所生的衝突將導致社會的分裂、人文世界的分裂，並形成各個人對文化理想之偏執與人格精神之片面化。

　　不過，在此社會文化的結構中，唐先生雖主張加強中國人的國家意識，然不以之為社會文化意識的頂點，而是「吾意國家當只為『吾個人之文化意識』，通過『國家內部社會文化之分途發展』，以與『世界文化交流』之一樞紐；亦即吾『個人之活動』，通過『國家社會文化團體之活動』、『世界性文化團體之活動』及『世界性之整個人類社會之組織』之一樞紐。此樞紐之作用，乃在保障吾人個人之精神有軌道，以通接於人類全體文化，與世界人類之全體」。(《價值》，頁 521)

　　最後再潤澤以「中國式之生活情趣，雞犬在戶，五穀在田，牛羊在野，而工廠在林水之間，父子兄弟，怡怡如也，皆有禮樂文化之生活，以陶養性情，兼對文化有所貢獻，世人之精神乃無所不運，而六通四闢，皆有軌轍可尋，而生意盎然矣。」(《價值》，頁 524)此即唐先生所想望的中國未來社會之藍圖。〔註 19〕可以使中國社會文化有西方社會文化之內容，而無西方之精神緊張，可使世界、人生真得安頓者。

二、關於純粹文化的重構觀

　　唐先生對中國未來文化的構想，除了認為要發展出科學、工業、民主、自由、社團組織、國家法律等等以外，他以為「社會文化之全面發展，必須以文學、藝術、宗教、哲學、道德、生活情趣等，純粹精神文化之大盛為歸宿。」(《價值》，頁 520)此外他在《人文精神之重建》一書中亦說：「人類人文世界之全幅開展，必當兼包含宗教科學藝術文學哲學之大盛。宗教求神、科學求真、藝術求美、文學求誠、哲學求慧。神真美誠慧，皆可分別成一純粹的文化理想，與民主自由和平悠久等併列。而我們講中西文化理想之融通，

〔註 19〕此處所述唐先生對中國未來社會文化之構想，參《價值》，頁 511～524。

亦尚有種種關於宗教思想、文學、科學、藝術，及專門哲學思想之融通等問題。」(《重建》，頁 14)〔註 20〕

　　為什麼純粹文化居於中國未來文化的文理結構之頂，文化的全幅開展必以純粹文化之大盛為歸宿呢？蓋唐先生以其理想主義的特質，重在由人類精神之表現以論文化，而如生產技術、政治、經濟等在他看來猶是「人類理性規範條理人之自然生命之欲望的產物」(《意識》，頁 47)，而科學（純粹科學）哲學文學藝術宗教等則是「人類理性之最純粹之表現」(《意識》，頁 47)。因此，凡理想主義之哲人，便多以此人類理性之最純淨之表現而成的文化應居較高地位，例如黑格爾之論精神表現為不同領域的文化，即以哲學為最高，宗教次之，藝術又次之，國家法律、社會道德再次之，家庭又次之。後三者在他而言只是客觀精神之表現，而前三者則為更高的絕對精神之表現。〔註 21〕唐先生雖不同意他在原則上定文化領域高下的看法（亦不同意其對「道德」的態度），不過，對於純粹文化應居文化結構中之較高地位的看法則是一致的。

　　由此，唐先生講中國未來文化之創造，除了就一般社會文化立說，亦「剋就分途發展人文世界中純粹之哲學、文學、藝術、宗教、道德等而言。」而說「吾意其在中國未來，亦必有新面目」。(《價值》，頁 525)

　　以哲學來說，中國固有之哲學重妙悟、重智慧、重體證，而略論證，與批導辯證，在融攝西方哲學的精神以補其間所缺後，唐先生以為此新面目在方向上當是體證與論辯相應的，一方面「體證依論辯中理性之流行，以為軌轍，正所以使體證者，亦得流行以增益。又兼所以使吾人之所體證者，既充實於自己，亦滿溢於他人之道。」一方面「論辯而各有真實之體證在，即所以使心靈光輝之揚升，不徒如播弄理性之虛姿，而有活潑之精神生命，順所體驗者之流行而流行於論辯之中。」(《價值》，頁 527)此是融中西哲學所宜有的更上一著的哲學精神。〔註 22〕

〔註 20〕唐先生在論一般社會文化時說科學，在講純粹文化時亦說科學，蓋前者多偏重在與工業文明連言，乃是著眼於實際技術者；而後者則指以求真為目的的純粹科學。

〔註 21〕參《意識》，頁 12～15；《重建》，頁 476。

〔註 22〕唐先生本人的哲學，從早年的《人生十路》——如《道德自我之建立》、《心物與人生》諸作，所展現的理路一直是他這裡所說的體證與論辯恒相應的哲學形態。

　　就文學藝術來說，中國古代的文藝，恒為人格精神之自然流露，其用意亦在潤澤人之日常生活，而未真顯為一獨立的文化領域，古人往往視之為小道、為人生餘事。比較起來，在西方文藝則成為獨立文化領域，文學家藝術家較中國更能獻身於文藝、更能客觀地表現出生命之精彩。而今天西方文藝精神異於中國者，益為人所欣賞，唐先生認為勢之所趨，中國文化亦須有一開新之道，此一方面「宜亦保持中國過去文人，重各方面人文陶養以養氣之精神，並輔之以一高明之智慧與敦厚之德量。」而不似西方歷代文人藝人之竭天才與生命力於藝事，無以怡養其精神，而頹然以老、瘋狂以死；或今之多侈言為藝術而藝術，而罕見宇宙人生之大觀；一方面「又不當如古人之視文藝為小道。當轉而學西方文學家、藝術家獻身於一專門之文學藝術，而務求表現其心靈於作品。使志氣充塞於聲音，性情周運於形象，精神充沛乎文字，以昭宇宙之神奇，人生之哀樂，歷史文化世界之壯采，人格世界之莊嚴神聖」。〔註23〕

　　再說宗教，中國過去雖有宗教精神，唯孔子融宗教於道德，宋明儒即道德以為宗教，宗教畢竟不成為一獨立的文化領域，唐先生則以為「吾理想中未來之中國文化，亦復當有一宗教。」因此他認為今日當分開道德與宗教，再由道德轉出宗教，而人建立神，以使宗教重新成為社會文化之一領域。不過，此中國未來宗教精神的性質，一則「異於一切往昔之宗教精神，又自人類往昔宗教精神中升進而出」，蓋以往神的信仰自心理起原說，是初由人在現實生活中歷種種困難、寂寞、苦痛、罪惡等自然逼出的，非自覺依理性建立的，而唐先生則以為此新宗教精神當是「對神全無所希慕欲望，而純由吾人道德文化精神自身所建立，以表現吾人心性之高明，與文化精神之廣大者。故吾人之建立此神與宗教精神，吾人唯是自覺的依理性之必然與當然上或純『義』上言。」一則亦非如一般宗教之「只止於有一單純的天心或神信仰之建立者。」而要包括對人文世界人格世界之崇敬，以天心與一切賢聖為崇敬對象。〔註24〕

　　在中國未來文化之各方面都做一精神的充拓後，唐先生以為自然我們在

〔註23〕此段參《價值》，頁 527～529。
〔註24〕參《價值》，頁 529～541。唐先生對中國未來新宗教的構想，另可參《價值》〈中國之宗教精神與形上信仰──悠久世界〉與《發展》〈宗教信仰與現代中國文化〉二文。

道德生活方面，亦當有一精神的充拓。此在他的見解中，主要是要在中國從前的五倫系統以外，提出「第六倫」。爲什麼要提出第六倫？此是因唐先生認爲中國從前之五倫中，一則家庭之倫占其三，有太重家庭之失；一則傳統所謂五倫之道德，所對者皆具體之人，因此隨著此一中國文化重構觀中對諸分途開展的文化領域之樹立，如要充量表現人類道德生活之文理，唐先生以爲「則人當有對一抽象文化理想或嚮往眞善眞之價值之忠誠，以成爲吾現實自我對理想價值之道德。此即開出一吾現實自我對吾理想自我之一倫。」開出「第六倫」以後，原先的君道友道二倫亦皆須有一擴大，吾人對社團乃至對國家之愛，即同於盡忠於君者；對同志、同道、同事、同業之合作精神，即爲友道的擴大。〔註25〕

　　總括來說，唐先生關於中國一般社會文化，乃至這些中國未來的哲學、文藝、宗教之重構的思索，都是重在指出「大方向」、提出「大原則」的，而非就具體的小方案著眼，蓋他以爲「唯文學藝術之創作，皆爲天才之事。天才之創作，當其未出現之先，亦無人能加以推測，其作風亦不能由人預定。」（《價值》，頁 528）至於宗教「吾人上述之宗教精神之化爲實際之宗教，當有何具體之教義、儀式以形成，則待於宗教中之新聖。」（《價值》，頁 538）而說今日他能做的唯是「復興祭天地與對親師賢聖之敬，並充量發展客觀社會文化之精神，即迎接此新宗教，爲此新宗教建基之第一步。」（《價值》，頁 540）其他則皆須俟宗教上之新聖出乃成定論。

　　不過，之所以缺乏對未來文化的具體內容的建構，當然亦和他看文化重在用一整體論式的巨觀做一全體的把握，以求面面俱到，而無暇兼顧一一細節有關。

三、唐先生的「新」與「儒」

　　在吸納了西方文化，並將之導入中華文化的母體以後，中國文化當有一

〔註25〕參《價值》，頁 542～550。
　　　　日人溝口雄三亦就中國傳統之倫理觀與日人相較，而說「中國儒教尤其欠缺優先於血緣關係的倫理世界」（案：當然此說有待商榷，不過，儒家重家庭倫理是事實）。而「極欠缺『職』的意識」──「作爲社會人、職業人的自律性個人倫理不用說，就是類似日本那種對所屬集團」（藩、公司）竭盡忠誠的「公家」倫理（我們必須留意日本的「公家」與中國的「公」，本質上截然相異）也很難找到。」（參溝口雄三，〈儒教與資本主義掛鉤？〉，《當代》第三十四期）

前所未有的新面目，如前所云；不過，這一切的文化之重構在唐先生看來，「吾人之立腳點，未嘗離中國文化精神一步。」（《價值》，頁 553）唐先生的文化重構觀明顯的不同於「中體西用」論之不變中學的體，而只在用——技術層面上吸收西學，認爲西學有用而無體；他乃是以一種「整體論式的基點」來重構文化，開拓固有文化精神（在此有一「變體」的任務）來吸納西方文化，體用俱學。那麼，他所謂的「不離中國文化精神一步」是什麼意思？

　　除了我們在返本開新說所說的他對「傳統」的理解，本來就是一個不斷的求充實自己、完成自己的開放歷程，此開放並不外於「傳統」，所謂「常道不廢江河萬古流，非靜而不動，乃黃河九轉，依舊朝東，日趨廣闊浩瀚。故人不可不隨時世，以開拓此道，開拓正所以承繼也。」（《價值》，頁 552）之外，我們可以再對唐先生的想法作進一步的說明，他說固然「橫貫而觀之，則精神所應之事異，亦可說理異而質異，所充實拓展之範圍異，而量異。」不過「縱貫而觀之，精神自任持其質之同，正所以成其量之異。」（《價值》，頁 553）從一方面看，我們固可說唐先生此一回應時代挑戰而「振出對有超越性、客觀性之文化理想之尊重，與人文世界之分途發展，成就今日之家庭、社團、國家、天下」的文化事業，相對於過去的確呈現了一個前所無的新面目，中國文化是變了；不過，從另一面說，「吾人千言萬語，雖頗似異於孔子，亦正同於孔子。」而且「吾人與孔子之所以有異，正所以同於孔子。」爲什麼呢？因爲「吾人今日時移勢異，吾人精神所立之據點，與吾人之所缺者，正與孔子相反，故所言者亦不得不與孔子，若全相反。」可是「吾人嚮往人文世界、人格世界相因以成就，重天道、人道之一貫，與天下、國家之多而一，固皆同於孔子者也。吾人與孔子同者理，異者所重之事；同者精神之質，而異者所以充滿於事之精神之量。」（《價值》，頁 552～553）時代變了，我們面對的問題也不一通了，因此我們的對治之道也有所不同，面對什麼樣的問題，自然有什麼樣的答案，可是「誠者自成也，而道自道也。自成、自道，則理同、質（Quality）同，而量已充實而拓展。」（《價值》，頁 553）這個文化精神的充實拓展，「吾人不謂中國道德精神之本質，能有任何之改變。而吾人之擴大之，實未嘗於此道之自體有所增益。唯多彰其一用耳。」（《價值》，頁 550）此即唐先生之所以言他的文化的重構、開新，其立腳點未嘗離中國文化精神本原——無限的仁體一步。

　　唐先生此一思路——即使文化不斷的充實拓展，實未嘗於此道之自體有

所增益，其實在他早年對心靈主體的思索時已經形成了。他認為「此心靈今既顯為一能思想彼一切可能存在者，而位居一切可能存在之上一層位之一超越的主體，則其今後之事，只是更充量的顯現其自身之所涵，而不能說此心靈之存在之自身，可再進化，而變為超心靈而非心靈之存在。此心靈自能超越其自身之所顯現之事，以更有其所顯現。然此自己超越之事，亦永不能使其失其自身；其自己超越之事亦只能內在於其自身。」「此一切歷程，可說有進化、有變，然思此進化與變之心靈主體，應無所謂進化與變。」（《心靈》下，頁 472〜473）人的仁體是如此，而由人的精神表現而成民族的歷史文化之體（禮體）亦是如此，這一切自己超越之事，都是內在於道德主體之自身的。曾昭旭先生說：「首先應當為我們所懇切正視，就是這個辯證歷程中的主體，也就是所謂道德本體（案：包括個人之仁體與文化體兩面），到底是什麼的問題。因為這個主體如果不能肯定與彰顯，所謂辯證便根本無從成立之故。」〔註 26〕唐先生之所以認為他是不離仁心道體一步、不離中國文化之精神一步，而同時已完成了中國文化更高的辯證發展，我們對此都必須要連著他對道德主體或本體的肯定與彰顯來看才可說。

　　曾昭旭先生說：「當代新儒學具有怎麼樣的本質呢？其一在於『新』，其二在於『儒』。所謂新，就是面對時代的變局，有一敏銳的感知，能在紛紜錯雜的事象中，一眼看出動亂的關鍵與反正的契機何在。此之謂有時代感，或所謂知『時義』，能作『聖之時者』。所謂儒，此是無論處在怎樣的變動中，都能清楚地看到並守住那永恒普遍的人性常道，即所謂仁義、所謂性善。前者是智之事，所以通變，後者是仁之事，所以貞常。合仁與智，才是日新又新又萬變不離其宗的聖道儒學。」「但落在發生層面來說，每一波新儒學的發展歷程，必然是先分後合的。分所以凸顯一新時代的精神，合所以將這一新精神接引回歸到歷史文化的母體，以相融為一。缺前一階不成其為新，缺後一階不成其為儒，必須合此二階，才是又一波新儒學的功行圓滿」。〔註 27〕唐先生之面對時代的變局，而提出他的文化重構的觀點，此即其之所以為「新」；不過，他更念念不忘的是要如何將此「新」導入中國文化的母體中，以作一統整的努力，而見此新乃是日新又新而又萬變不離其宗者，此其之所以為

〔註 26〕 參曾昭旭，《唐君毅先生與當代新儒學》，頁 22。
〔註 27〕 同註 26，頁 21〜22。

「儒」。〔註28〕

〔註28〕缺前一階不成其爲新，缺後一階不成其爲儒，唐先生之所以爲當代新儒學重
　　　鎮自然兼俱此二者，故本文最後以論唐先生之「新」與「儒」作結。不過，
　　　如與牟先生相較而言，如曾昭旭先生則以爲牟先生較相應於「新」之一階，
　　　而唐先生則更相應於「儒」一階段，蓋「牟先生之學以分解爲主，善能釐清
　　　歷代儒學在語言觀念上之混雜，而提鍊出一一精當的概念，區分出各家各派
　　　的分際，釐訂妥一人一學的性格；而使得中國哲學的典籍，逐漸可能得到一
　　　種系統性的理解，而不是純任妙悟。能通過這樣一種創造性的方式對舊籍獲
　　　得相應的理解，當然是一種恰合時代期望的新。」（《唐君毅先生與當代新儒
　　　學》，頁21）比較起來唐先生更著力於兼顧全面的人文，走一條看似更迂闊的
　　　路，而不如牟先生之扣緊「道德心自我坎陷爲認知心以開出科學與民主這一
　　　時代使命」立說（雖然在唐先生思想中不能說無此認識），較不易引起時代共
　　　鳴，不過，即使剋就「新」一端而言，這一切仍是要納入唐先生的文化重構
　　　觀所展示的文化格局中運作的，如此人文才能得以全面的開展，唐先生的「新」
　　　仍有其重要性。

第七章　結　論

　　唐先生作爲當代的大儒，他繼承了儒家立人極以求人文化成天下的文化
方向，由覺悟價值之源，而期存在地實踐地完成自己的人格，並期以道德實
踐善化善成人間一切事，他是依于由道德自我而發的眞實理想與嚮往，以其
全幅生命的眞性情來論文化。

　　由肯定人之道德主體，而客觀化以肯定中國歷史文化生命之體，他一生
以繼承和弘揚此中國文化傳統爲己任。對此他一方面致力於闡發中國文化之
精神價值，釐清中國文化的龐雜糾纏，以透顯出其間的優美，使之得爲世人
所領略讚歎；一方面則致力於爲中國文化由原先的德性的一本而開出多端分
途發展的人文世界提供理論的基礎，以適應時代對治時代而張大此文化傳統
之幅度，開拓其內容充實其內容。在此我們可看到作爲當代新儒學重鎭的唐
先生之兼具「新」與「儒」的身分。

　　剋就當代的文化問題而言，唐先生有五大文化問題的思索，對此，他的
反省往往針對五四而發，他反對五四以來只著眼於西方民主科學，而一味菲
薄固有文化之功利心態，而提出一個文化方向上的大肯定，認爲中國未來之
文化思想，必須對中西古今之文化價值俱加肯定，立基於中國文化之精神本
原，再廣度的吸收西方文化，一方面審視其特點，同時也要認識其缺憾。此
一精神方向，如勞思光先生所說的：「倘若只孤立地看，或許不容易顯出它的
重要性。甚至於有人可以說，這樣主張十分寬泛，使人難以把握其確定意義。
但我們若將這個大肯定納入當前文化問題（尤其是中國的文化問題）的大脈
絡中，則它的重要性立即凸顯出來。它顯示出中國文化方向要擺脫外來種種
壓力和迷誘的要求，顯出中國這個民族要衝破歷史的困局而卓立天地之間的

要求；縮小一點說，更直接顯示中國知識份子擔承歷史文化的重擔的精神氣概。」這「在近百餘年來中國歷史的背景中看來，它正如夜空中一星高懸，雖是孤明，卻正是照著歷史道路的確定方向。」〔註1〕

誠然，關於中國文化之重建此一問題本來很大，整體而言，唐先生是偏重在「從主體來統攝系統，從意義來生發結構」，〔註2〕偏重在「文化方向」的指出，偏重在觀念上、原則上作綜合貫通，他所思索的，自然可說只是此大問題中的一部分。不過，中國文化之重建本來就非一人之事，唐先生自己即常云：「文化思想上之綜合，不是一個人能完成，只有大家向一方向上去用心才可逐漸完成。因任何個人對文化史文化思想之知識，都是有限的。落到最後的論斷上，亦都不能絕對免於錯誤，或偏蔽，或空疏，而待自己與他人不斷的修改、補充。」（《重建》，頁 325）我們應正視其貢獻，知其所言之分際，至於其限制則是後起者當承擔的責任，對此我們不應徒輕責前賢之不足，更應踏著前人軌跡前進，蓋唐先生所望者原不是以其個人的哲學和見解壟斷一切，而是「吾神明華胄共發大心，以成此不廢江河萬古流之事業也。」（《發展》，頁 4）

〔註 1〕 參勞思光，〈成敗之外與成敗之間——憶君毅先生並談「中國文化」運動〉，《紀念集》，頁 152。
〔註 2〕 參沈清松，〈哲學在臺灣之發展（1949～1985）〉，《中國論壇》二四一期，頁 14。

引用書目

1. 唐君毅：《人生之體驗》，台北：台灣學生書局，1989 全集校訂版。
2. 唐君毅：《道德自我之建立》，台北：台灣學生書局，1985 全集校訂版。
3. 唐君毅：《心物與人生》，台北：台灣學生書局，1989 全集校訂版。
4. 唐君毅：《人生之體驗續編》，台北：台灣學生書局，1988 全集校訂版。
5. 唐君毅：《病裡乾坤》，台北：鵝湖出版社，1984 再版。
6. 唐君毅：《中國文化之精神價值》，台北：正中書局，1989 臺二版七印。
7. 唐君毅：《人文精神之重建》，台北：台灣學生書局，1988 全集校訂版。
8. 唐君毅：《中國人文精神之發展》，台北：台灣學生書局，1984 六版。
9. 唐君毅：《中華人文與當今世界》，台北：台灣學生書局，1988 全集初版。
10. 唐君毅：《中華人文與當今世界補編》，台北：台灣學生書局，1988 全集初版。
11. 唐君毅：《中國哲學原論原教篇》，台北：台灣學生書局，1984 全集校訂版。
12. 唐君毅：《文化意識與道德理性》，台北：台灣學生書局，1986 全集校訂版。
13. 唐君毅：《哲學概論》，台北：台灣學生書局，1985 全集校訂版。
14. 唐君毅：《生命存在與心靈境界》，台北：台灣學生書局，1988 全集校訂版。
15. 唐君毅：《致廷光書》，台北：台灣學生書局，1984 再版。
16. 唐君毅：《說中華民族之花果飄零》，台北：三民書局，1989 六版。
17. 唐端正：《年譜》，台北：台灣學生書局，1990 全集校訂版。
18. 唐至中編：《紀念集》，台北：台灣學生書局，1991 全集校訂版。
19. 王煜：〈評墨子可著「逃避難局：新儒家與中國演進中的政治文化」〉，收

入傅樂詩等著《保守主義》，台北：時報文化公司，1985。

20. 牟宗三：《時代與感受》，台北：鵝湖出版社，1988。

21. 牟宗三：《道德的理想主義》，台北：台灣學生書局，1988。

22. 李杜：《唐君毅先生的哲學》，台北：台灣學生書局，1989。

23. 李日章譯、Peter Singer 著：《黑格爾》，台北：聯經出版公司，1985。

24. 李明輝：《儒學與現代意識》，台北：文津出版社，1991。

25. 李維武：〈現代新儒家文化哲學初探〉，收錄於《中國文化月刊》一一七期。

26. 余英時：《猶記風吹水上麟》，台北：三民書局，1991。

27. 杜維明：《儒家自我意識的反思》，台北：聯經出版公司，1990。

28. 沈清松：〈哲學在台灣之發展（1949～1985）〉，收錄於《中國論壇》二四一期。

29. 沈清松：〈詮釋學的變遷與發展〉，收錄於《鵝湖月刊》九卷三期。

30. 林安梧：《現代儒學論衡》，台北：業強出版社，1987。

31. 宗白華：《美學與意境》，無出版社及年月。

32. 金耀基：〈殷海光遺著《中國文化的展望》我評〉，收錄於殷著《中國文化的展望》附錄三。

33. 金觀濤：〈當代中國馬克斯主義的儒家化〉，新加坡國際儒學會議論文，1988。

34. 胡適、李濟、毛子水等：《胡適與中西文化》，台北：牡童出版社，1977。

35. 徐文瑞譯、Gharles Taylor 著：《黑格爾與現代社會》，台北：聯經出版公司，1990。

36. 殷海光：《中國文化的展望》，台北：桂冠圖書公司，1990。

37. 梁漱溟：《東西文化及其哲學》，台北：里仁書局，1983。

38. 梁漱溟：《中國民族自救運動之最後覺悟》，無出版社及年月。

39. 唐丹：〈文化相對主義與普遍主義〉，收錄於《二十一世紀》雙月刊八期。

40. 孫善豪：〈對當代新儒家的實踐問題之探討（上）——唐君毅哲學中的實踐問題〉，收錄於《哲學與文化》十三卷十期。

41. 張灝：《幽暗意識與民主傳統》，台北：聯經出版公司，1989。

42. 陳特：〈唐君毅先生的文化哲學與泛道德主義〉，台北當代新儒學國際研討會論文，1990。

43. 郭齊勇：〈試論五四與後五四時期的文化保守主義思想〉，收錄於《中國文化月刊》一二一期。

44. 馮耀明：《哲學的現代性與中國哲學的未來》，收錄於《中國論壇》三三六期。

45. 勞思光：《哲學與歷史》，台北：時報文化公司，1986。

46. 勞思光：《中國哲學史》，台北：三民書局，1986。

47. 勞思光：〈成敗之外與成敗之間〉，收錄於唐至中編《紀念集》，台北：台灣學生書局，1991 全集校訂版。另收錄於傅樂詩等著《保守主義》，台北：時報文化公司，1985。

48. 曾昭旭：〈唐君毅先生與當代新儒學〉，收錄於《鵝湖月刊》一九四期。

49. 曾昭旭：《王船山哲學》，台北：遠景出版公司，1983。

50. 賀麟：《當代中國哲學》，無出版社及年月。

51. 楊祖漢：〈關於林毓生氏對唐君毅先生的評論〉，收錄於《鵝湖月刊》九十三期。

52. 劉國強：〈誰是一廂情願的了解——對林毓生教授批評唐君毅先生的哲學之確定看法〉，收錄於《鵝湖月刊》一〇四期。

53. 劉國強：〈唐君毅先生之實在觀〉，收錄於《鵝湖月刊》一三七期。

54. 劉國強：《唐君毅先生的政治哲學》，台北當代新儒學國際研討會論文，1990。

55. 溝口雄三：〈儒教與資本主義掛鉤？〉，收錄於《當代》三十四期。

56. 葉維廉：《記號詩學》，台北：東大圖書公司，1988。

57. 鄭家棟：《現代新儒學概論》，南寧：廣西人民出版社，1988。

58. 鄺錦倫：〈外王與客觀精神〉，台北當代新儒學國際研討會論文，1990。

59. 龔鵬程：《新代思想史散論》，台北：東大圖書公司，1991。

60. 龔鵬程：《傳統、現代、未來——五四後文化的省思》，台北：金楓出版社，1989。

附錄一
從張載〈西銘〉論儒家之生命教育 [*]

一、前 言

　　生命的意義何在？在哲學史上，儘管有著人生哲學、生命哲學、價值哲學、終極關懷等等不同的標題，所關懷的問題核心都是以人的生命為主。因此，對生命意義與價值的探索，本來就具有悠久的歷史傳統。而近年來，由於政府的大力推動，更使得生命教育成為廣受注目的焦點和舉足輕重的教育課題。〔註1〕

　　什麼是「生命教育」？「生命教育的探討，在追求生命的意義，建立完整的價值體系，並尋求安身立命之道。」〔註2〕 生命教育主要是希望達到以下四個目的：一、幫助學生主動認識自我，進而尊重自己、熱愛自己。二、培養社會能力，提昇與他人和諧相處的能力。三、認識生存環境，了解人與環境生命共同體的關係。四、協助學生探索生命的意義，提昇對生命的尊重與關懷。〔註3〕如果說，今日對「生命教育」的提倡，是期待透過教育，讓學

---

* 本文曾發表於《吳鳳學報》第十七期，2010。（雙隱名審查）。

〔註 1〕 2000 年 8 月，教育部宣佈設立生命教育諮詢委員會，期將「生命教育」納入小學至大學的學校教育體系中。2001 年更被教育部宣佈為「生命教育年」。2004 通過並起實施新的生命教育年度工作計畫。參見陳政揚，《由張載生死觀反思當代生命教育議題》，收在《張載思想的哲學詮釋》（臺北：文史哲出版社，2007 年），頁 157。

〔註 2〕 參見陳福濱，〈從生命的意義與價值論生命教育〉，《輔仁學誌：人文藝術之部》28 期，2001 年 7 月，頁 161～170。

〔註 3〕 參見黃德祥，〈生命教育的內涵與實施〉，收入林思伶主編，《生命教育的理論

生珍惜生命、尊重生命，那麼，身爲中國思想主流的儒學，能給當代生命教育提供什麼樣的養分呢？在歷史上，儒學總是以他的「成德之教」激勵鼓舞著不同時代的知識份子，以有限的人生體現無限的價值。時至今日，儒學是否已成爲歷史陳蹟？或者，仍能以其眞知灼見、跨越時空的侷限，爲我們所關切的生命課題提供重要的反省與智慧？本文選擇張載的〈西銘〉來檢視此一課題，透過它來闡述儒者對生命教育的關懷。理由是：〈西銘〉雖僅是一篇短文，但是從一出現就擁有高度的評價，並且受到後來歷代學者的重視，這在中國哲學史上並不多見。

二、〈西銘〉在儒學思想中的地位

〈西銘〉原名〈訂頑〉，是張載晚年在陝西郿縣橫渠鎮講學時，爲教育、警策學生，貼在書院窗邊牆壁上的短文，因號〈東銘〉、〈西銘〉。程頤改〈訂頑〉爲〈西銘〉，並且給予高度的評價：「〈西銘〉明理一而分殊，擴前聖所未發，與孟子性善，養氣之論同功，自孟子後蓋未之見。」〔註4〕程顥也說：「〈西銘〉，某得此意，只是須得子厚如此筆力，他人無緣做得。孟子以後未有人及此。得此文字，省多少言語。要之仁孝之理備於此。」〔註5〕可見二程皆將〈西銘〉視爲最能彰顯儒家義理的代表作。朱熹對〈西銘〉下的功夫最大，他寫的〈西銘解〉，歷代被視爲注解〈西銘〉的範本。他曾表示：「二銘雖同出一時之作，然其詞義所指，氣象所及，淺深廣狹，判然不同。是以程門專以〈西銘〉開示學者，而於〈東銘〉，則未嘗言。」〔註6〕 至此以降，明清理學家對〈西銘〉也持著繼續讚揚與肯定的態度。乃至現代中國哲學史家馮友蘭先生也高度評價張載〈西銘〉所表述的精神，認爲是「道德精神」與「天地精神」統一的精神境界。〔註7〕

這些論述都「表明〈西銘〉簡短的二百五十三字短文，既涵蓋了（張載）

與實務》（臺北：寰宇出版社，1990 年），頁 241～253。

〔註 4〕 參見張載《張載集‧附錄‧宋史張載傳》（臺北：漢京文化事業公司，1983年），頁 387。

〔註 5〕 參見張載《張子語錄‧後錄上‧遺事》，收入張載《張載集》（臺北：漢京文化事業公司，1983 年），頁 336。

〔註 6〕 朱熹之言見《張子全書》卷一。基於這樣的見解，朱子後來將〈西銘〉從《正蒙》中獨立出來。

〔註 7〕 馮友蘭晚年修訂完成的《中國哲學史新編》第 5 冊專設一章論述《張載〈西銘〉與人的精神境界》，參見趙吉惠、劉學智主編，《張載關學與南冥學研究》（北京：社會科學文獻出版社，2004 年），頁 44。

全部著述的思想精華，乃其學術思想之最高結晶，又代表了張載最高的精神境界。」〔註8〕其實，進一步說，〈西銘〉不僅是張載思想的結晶，也是儒學傳統中孔孟之後的經典，堪稱是醍醐之作。

三、〈西銘〉的核心思想

（一）天人一氣，理一分殊

1. 天人一氣，萬物同體——天人合一的氣化宇宙論

張載以《易》爲出發點，在「太虛即氣」，「虛氣不二」〔註9〕氣化宇宙論的基礎上，提出了「天人合一」的儒家新倫理體系，將儒家倫理發展到新的階段，建立一個「天人一氣，萬物同體」的哲學體系。

首先，〈西銘〉提出：

> 乾稱父，坤稱母，予茲藐焉，乃混然中處。故天地之塞（按：塞，
> 氣也），吾其體；天地之帥（按：帥，心也），吾其性。〔註10〕

這是繼承《周易》的思想：「乾，天也，故稱乎父；坤，地也，故稱乎母。」〔註11〕以乾坤天地爲人類乃至所有萬物共同的大父母。朱熹〈西銘論〉說：「蓋以乾爲父，以坤爲母；有生之類，無物不然，所謂理一也。」〔註12〕這「理一」在張載看來即是：人與萬物，都是一氣之聚散。太虛之氣充塞在天地之間，也充塞在人體與萬物之中。天地和人、物本來就是一體的。「依據張載的思路，個體意義上的『小我』，就成了充塞天地之間的『大我』，有限的生命

〔註8〕 參見趙吉惠，〈論張載《西銘》境界與曹南冥「敬義」理想〉，收在趙吉惠、劉學智主編，《張載關學研究與南冥學研究》（北京：社會科學文獻出版社，2004 年），頁 43。

〔註9〕 在張載氣化宇宙論中，「太虛即氣」，「虛氣不二」乃是最重要的命題。「太虛無形，氣之本體。」（〈太和〉）。陳政揚先生在探討張岱年、牟宗三、唐君毅先生對虛氣關係的看法後，進一步指出：「氣」表示「真實存在之義」，則太虛是氣之本然，太虛與氣是一：而由氣化生物的活動言太虛（清通無礙之氣）是無限的造化自身（按：即張載哲學中的形上道體），有限的具體個物與散殊現象雖皆是氣，但因其有限性僅能名之氣，而不能稱爲太虛。此爲太虛與氣之別。由此可知，太虛與氣乃是「一而有分」的關係。參見陳政揚，《張載思想的哲學詮釋》（臺北：文史哲出版社，2007 年），頁 56。

〔註10〕 以下本文所引〈西銘〉之版本，據張載《張載集·正蒙·乾稱篇第十七》（臺北：漢京文化事業公司，1983 年），頁 62。

〔註11〕 《易經·說卦傳》第十章。參見南懷瑾、徐芹庭，《周易今註今譯》（臺北：臺灣商務，1986 年），頁 450。

〔註12〕 見張載《張載集》（臺北：漢京文化事業公司，1983 年），頁 410。

個體就被賦予了無限的意義。『天地之塞，吾其體』，『聚亦吾體，散亦吾體，知死而不亡者，可與言性矣』。張載以一種恢弘的氣魄打通了『天人之隔』，洞穿生死，給人在時空中進行了重新的定位。」〔註13〕

　　張載的思想特色表現在他由氣論闡述先秦儒學的進路上，他以氣之流行相盪說明萬物存有之變化，而將氣之聚散歸之於太虛之神妙作用，由此建立一套天人合一的體系，來闡述儒者盡心知性以知天之理。然而，張載的氣化宇宙論也正是其他儒者所質疑之處。〈西銘〉出自《正蒙》，明道先生雖推崇〈西銘〉中的「仁孝之理」，卻不認同《正蒙》以氣來闡述儒家的形上道體。〔註14〕本文以爲張載「苦心極力」的從氣化宇宙論的角度試圖從客觀的思參造化以明「天人一體」，而不由主體去冥悟體證，是因爲張載在其道德生命的具體實踐中，參天地，體萬物，發現世界是價值得以實現的場域，而這一切，不只是道德上，主觀的「應然」，同時也是客觀的「實然」，「價值」，也是「存有」。「天人之體」之說，在儒家不乏「應然」、「價值」與「實然」、「存有」兩層面的論述，以唐君毅先生詮釋橫渠的哲學立場來看，《正蒙》一書之宗旨，多在「合兩義相對者，以見一義」，唐先生道：「所謂兩義相對者，如以誠與明相對，性與命相對，神與化相對⋯⋯天與人對。凡於此兩義相對者，橫渠皆欲見其可統於一義。」〔註15〕張載並沒有預設「應然」、「實然」兩層的區分，也就是說，從〈西銘〉來看，每一「實然」、「存有」的過程，皆有其「應然」、「價值」之意義，在每一歷程中，應然與實然恰巧是統一的，雖然有其實踐歷程。

　　2. 氣質之性，理一分殊〔註16〕**——對天地之性與氣質之性的區分**

〔註13〕　參見劉天杰，〈張載的「民胞物與」論及其現代意蘊〉《江西社會科學》，2007年4月），頁50。

〔註14〕　參見陳政揚，《張載思想的哲學詮釋》（臺北：文史哲出版社，2007年），頁57。陳政揚先生提出「張載不像明道先生從主體之冥契直接體證天人本不二之論，而是試圖客觀地思參造化以明天人一本之理。」另外，牟宗三先生指出，凡只是繫於主體之義理，皆易運轉自如，但客觀地思參造化，往往由於語言文字的侷限，而在分解說明之際，顧此失彼，也因此張載氣論難免陷於伊川所批評的「苦心極力之象」。牟宗三，《心體與性體》第一冊（臺北：正中書局，1999年），頁425～457。

〔註15〕　參唐君毅《中國哲學原論・原教篇》（臺北：臺灣學生書局，1984年），頁77。

〔註16〕　〈朱熹西銘論〉：「天地之間，理一而已。然乾道成男，坤道成女，二氣交感，化生萬物，則其大小之分，親疏之等，至於十百千萬而不能齊也，不有聖賢出，孰能和其異而反其同哉！西銘之作意蓋如此，程子以爲『明理一而分殊』，可謂一言以蔽之矣。」見張載《張載集・附錄》（臺北：漢京

　　以下本文由「天人一氣、理一分殊」、「民胞物與，施由親始」、「存心養性，窮神知化」、「順逆兩安，存順沒寧」四方面來探討〈西銘〉的核心思想。其中「天人一氣，理一分殊」乃〈西銘〉中的本體論，「存心養性，窮神知化」則是張載的工夫論、實踐方法。「民胞物與，施由親始」、「順逆兩安，存順沒寧」則是〈西銘〉由體而用，成己成物，次第展開的社會觀、自然觀、命運觀、生死觀。

　　雖然「天人一氣」，卻「理一而分殊」。張載進而區分「天地之性」（天地之帥，吾其性）與「氣質之性」（天地之塞，吾其體）。「天地之性應該是人的本然之性，醇乎又醇，善而又善，這是由太虛之氣決定的。」〔註17〕這即是說，在大化生生的活動中，人與物皆同稟一氣而生，其差別不在於二者之性的根源不同，而在於稟氣的清濁有別（氣質之性）。

　　區分「天地之性」與「氣質之性」，乃是對孟子人性論的繼承與發展。張載繼承孟子的性善論，認為人皆有天地之性。然而孟子論人性，著重突顯人之所以為人的普遍道德性，對於人的賢愚才智不同而導致在具體的道德實踐活動上表現出來的差異性，並沒有提出一套完整的理論說明。張載關於「氣質之性」的論述，正好補足了孟子人性論的理論缺口。一方面提出「變化氣質」說，由超越「氣質之性」的限制使成聖成為可能。一方面也透過氣之清濁通塞來說明人何以有智愚之分，以及人物之別。人與鳥獸雖同出一源，然人受到的限制較少，因此，人比萬物更具有實踐天理的能力。〔註18〕

　　而這「天地之性」與「氣質之性」又都在「太虛之氣」的基礎上統一起來，形成「天人一氣」「萬物同體」的天、人、物合一的世界觀。孔子的仁並沒有上升到天人關係的高度上來論述，仍停留在政治倫理的範圍內。孟子不僅從政治倫理方面論述仁，也開始試著在天人關係的高度上作探討，主張天人合一，合一於仁。「張載承襲孟子『盡心知性知天』的形上進路，認為仁心（道德本心）之感通無礙有明見價值理序的能力，此一能力不僅在於明照人倫社會秩序，同時也洞悉萬有在存在界各自的價值。通過仁心的發用，不僅能揭露人對剛健不

　　　　文化事業公司，1983 年），頁 410。程朱學派在解讀〈西銘〉時，以為「理一分殊」乃張載思想之核心。
〔註17〕參見趙吉惠，〈論張載〈西銘〉境界與曹南冥「敬義」理想〉，收在趙吉惠、劉學智主編，《張載關學與南冥學研究》（北京：社會科學文獻出版社，2004年），頁 46。
〔註18〕參見陳政揚，《張載思想的哲學詮釋》（臺北：文史哲出版社，2007 年），頁81、82。

息之天道生生（誠）的先行領會，並且人也應以此作爲成己成物的典範。這正是〈西銘〉所謂：『民，吾同胞；物，吾與也』的仁者胸懷。」〔註19〕

以下「民胞物與」的社會觀、自然觀，乃至「順逆兩安」的命運觀，「存順沒寧」的生死觀，都是在這個「天人一氣，萬物同體」的哲學基礎上而展開的。

（二）民胞物與，施由親始

1. 民胞物與——建立與社會、自然和諧相處的一體觀

〈西銘〉：

> 民，吾同胞；物，吾與也。大君者，吾父母宗子；其大臣，宗子之家相也。尊高年，所以長其長；慈孤弱，所以幼其幼。聖，其合德；賢，其秀也。凡天下疲癃殘疾，煢獨鰥寡，皆吾兄弟之顛連而無告者也。于時保之，子之翼也。

「仁民愛物」是儒學的根本精神，孔子說：「泛愛眾而親仁。」（《論語‧學而》）〔註20〕孟子把「泛愛眾」發揮成「親親而仁民，仁民而愛物。」（《孟子‧盡心上》）〔註21〕在這個基礎上，提出美好的社會理想，最典型的代表即是《禮記‧禮運大同篇》的「大道之行也，天下爲公。」〔註22〕張載〈西銘〉中「民胞物與」的思想即是繼承了以上的儒學精神。不同的只是，張載是在天人合一的理論基礎上，給了它形上學的根據。但是，「天人合一不只是認識問題，不是認識到人道要合乎天道，天地之性亦我之性就能達到此境界，其實，這裡最根本的是一個道德實踐問題。」〔註23〕天道必須落實在人的生活世界中逐步推擴出去，在逐步破除自我與他人，人與物的界限後，才能達到人我無間，天人合一的境界，這就是民胞物與的思想。

〔註19〕引自陳政揚，《張載思想的哲學詮釋》（臺北：文史哲出版社，2007 年），頁 81。
〔註20〕見朱熹，《四書章句集注》（臺北：大安出版社，1999 年），頁 64。
〔註21〕見朱熹，《四書章句集注》（臺北：大安出版社，1999 年），頁 509。
〔註22〕《禮記‧禮運大同篇》：「大道之行也，天下爲公，選賢與能，講信修睦。故人不獨親其親，不獨子其子。使老有所終，壯有所用，幼有所長。矜寡孤獨廢疾者，皆有所養，男有分，女有歸。貨惡其棄於地也，不必藏於己。力惡其不出於身也，不必爲己。是故謀閉而不興，盜竊亂賊而不作，故外戶而不閉，是謂大同。」（《禮記鄭注》，臺北：學海出版社，1981 年，頁 281、282）可與此處〈西銘〉之「民胞物與」理想作爲對照。
〔註23〕參見劉天杰，〈張載的「民胞物與」論及其現代意蘊〉（《江西社會科學》，2007年 4 月），頁 52。

（1）民吾同胞，可建立和諧的社會

在張載看來，所有的人，聖賢、君臣，乃至種種不幸的人都是廣義的兄弟，不只是把其他人看成「人」，還應看成自己的同胞兄弟。這是對儒家「愛人」思想的延續，人在張載乃至儒家其他聖賢的眼裡，從來就不是分離的個體，人所湧動的親情，使他必須在與社會、與自然、與自身的和諧中才能實現著自己。張載告訴人們，人對這個社會是有責任的，人對這個宇宙是有責任的。在當今的時代「民胞物與」的思想如果能成為人與人之間關係的思想基礎，那麼，人的和諧一體感就會代替族群的分裂衝突，世界就會充滿了愛。

（2）物吾與也，人與自然和諧相處的基礎

「物吾與也」的思想視天地萬物為一體，它強調鳥獸蟲魚、花草樹木，自然萬物不是人類征服的對象，而是人類的朋友、同伴，與人類息息相關，命運相連，這是一種生態意識、環境倫理。近代工業革命以後，人與自然的關係乃是一種分離乃至撕裂的對抗關係，人對自然資源過度剝削利用，造成的種種問題，最近幾十年來隨著大自然的反撲已經清楚的警告我們，「生態危機其實是人類的精神危機。」在張載天人合一、民胞物與的思想裡，追求天地人物整體的和諧圓融，「天人合一要求人們超越天、地、人的立場，從大系統的角度來審視人類與自然的關係。從這一思路看，人與自然是統一和諧的關係。從最終意義講，保護環境，保護自然，就是保護人類自身。」〔註 24〕用愛與萬物自然和諧的相處，才能突破這個人類所造成的困境。

2. 愛有差等，施由親始——民胞物與說與墨子兼愛之異同

張載「民胞物與」所闡述的愛，是否等同墨子的兼愛？在歷史上曾引起一番論辯。程頤的弟子楊時（龜山）就曾經提出「民胞物與」偏向於墨子兼愛的質疑。〔註 25〕張載也確實使用過「兼愛」的字眼，他說：「性者，萬物之一源，非我有之得私也。惟大人為能盡其道，是故立必俱立，知必周知，愛

〔註24〕 參見劉天杰，〈張載的「民胞物與」論及其現代意蘊〉《江西社會科學》，2007
年4月），頁 53。
〔註25〕 楊時向程頤質疑：「〈西銘〉深發聖人之微意，然言體而不及用，恐其流遂
至于兼愛。」認為這是偏向墨子之言。伊川先生澄清說：「〈西銘〉明理一
而分殊，墨氏則二本而無分，子比而同之，過矣。…無別而迷兼愛，至于
無父之極，義之賊也。」（見程顥、程頤，《二程集》，臺北：漢京文化事業
公司，1983 年），頁 609。可見程頤以為墨子兼愛的問題在於「無別」，以
至於「無父」，而張載的民胞物與顯然不是如此，所以對楊時比之墨子兼愛，
程頤是不以為然的。

必兼愛，成不獨成。」〔註 26〕

傳統儒家爲了捍衛儒學的正統性和純粹性，自孟子以降，常常嚴格區分自己與楊墨（後來則是佛老）的界限。這固然有其意義，但是眞理一定有共通點，只論其異，不言其同，未免偏執。除了強調理論的純粹性、正統性，兼容並蓄的包容性也很重要，一個思想、學說要見其高、成其大，對待不同於己的思想，與其視爲異端，一味排斥抵制，也許更應該將他作正確的定位，肯定其價值，放入應有的層次，更能顯示圓融無礙的格局。

張載自己就曾明白的說：「夷子謂『愛無差等』非也，謂『施由親始』，則施愛故由親始矣。孟子之說，闢其無差等也。」〔註 27〕張載即使說「兼愛」，其前提也是「愛有等差」、「施由親始。」從情理出發，人們愛他自己的孩子和父母。一個人不可能愛別人的孩子、父母，完全和愛自己的孩子、父母相同。愛自己的父母和孩子，乃是愛這個社會、世界的起點。但是又不能只自限於此，否則就是一種自私的、劃地自限的愛。從愛自己，到愛自己的父母、孩子，再到愛別人的父母、孩子，以及所有社會上不幸的人——我那廣義的兄弟；這種愛由近及遠，推己及人，卻不自我設限。〈西銘〉的「尊高年，所以長其長；慈孤弱，所以幼其幼。」推愛雙親之心，普及愛天下的老人；推愛子女之心，普及愛天下的孩子，張載的愛顯然還是「老吾老以及人之老，幼吾幼以及人之幼」、「親親而仁民，仁民而愛物。」的儒家進路。儒家的仁愛和墨愛的兼愛差別只在於「愛有差等」或「愛無差等」之上，要由親及疏，由近及遠，推己及人，這種差別其實是「有差別中無差別，無差別有差別」（理一而分殊），既不自私，不自我設限，也不流於空談，是眞正符合人性的愛。

（三）存心養性，窮神知化〔註 28〕

〔註 26〕 見張載，《張載集·正蒙·誠明》（臺北：漢京文化事業公司，1983 年），頁 21。

〔註 27〕 見張載，《張載集·張子語錄·語錄上》（臺北：漢京文化事業公司，1983 年），頁 311。按：夷子即「墨者夷之」，這段論辯參見《孟子·滕文公上》，收在朱熹《四書章句集注》（臺北：大安出版社，1999 年），頁 365。蓋墨者以爲「愛無差等，施由親始」，儒者以爲雖然「施由親始」是對的，但是終究應該是「愛有差等」，才是合乎人性、合理性的愛。

〔註 28〕 關於「窮神知化」，張載曰：「神，天德，化，天道。德，其體，道，其用，一於氣而已。」見《張載集·正蒙·神化》（臺北：漢京文化事業公司，1983 年），頁 15。張載所說的「窮神知化」皆是緊扣氣化流行而言。以氣化生萬物的創生活動爲神，由氣化活動之眞實不妄方能化生萬物，而言化。參見陳政揚，《張載思想的哲學詮釋》（臺北；文史哲出版社，2007 年）頁 37、38。此外，《正蒙·神化》也提到：「窮神知化，乃養盛自致，非思勉之能強。」（張

1. 德性之知與見聞之知的區別

〈西銘〉：

> 知化則善述其事，窮神則善繼其志。不愧屋漏爲無忝，存心養性爲
> 匪懈。

這部分是張載的工夫論、修養論。張載充分理解孟子「盡心知性知天」的心性之學，提出透過「存心養性」的道德修養，以達到理想的精神境界；要求人們不能「悖德」，不能「害仁」，也不能「濟惡」，不斷的「存心養性」來提升自己，最後一定能「窮神」、「知化」、「善繼其（天地）志」，成爲天地之間「體其受而歸全者」的大孝子。

張載曾經將人的知識區分爲二，一爲「聞見之知」，一爲「德性之知」〔註29〕他說：「見聞之知，乃物交而知，非德性所知；德性所知，不萌於見聞。」〔註30〕「聞見之知」指以感官知能接觸外物而得的經驗知識，張載以之爲「小知」；「德性之知」指人以良知良能而對天理的領會，又稱爲「天德良知」。張載清楚的指出：「世人之心，止於聞見之狹。聖人盡性，不以見聞梏其心，其視天下無一物非我，孟子謂盡心則知性知天以此。」〔註31〕要進入儒者的聖賢境界，眞正領悟聖賢之言，不能只用「聞見之知」；由「聞見之知」而來的理解，只是知識上的「解悟」而已。必須由「天德良知」的「德性之知」，透過不斷的行，不斷的道德實踐；這時對道的見解才是眞實的，這是「行悟」。

在儒家「成德之教」的教育思想中，肯定生命的眞實意義必須透過人的道德實踐才能圓現，因此教育的目標並不只是在知識上的累積，更強調個人德性的自我實現與成就物我皆榮的道德理想。〔註32〕因此，張載對天道的研究並不是出於純粹理論的興趣，而是要更深刻的認識人的心性，進一步確認道的實踐方法。

載，《張載集》，臺北：漢京文化事業公司，1983 年，頁 17）可見窮神知化乃存心養性到極至的表現。

〔註29〕 張載曰：「誠明所知乃天德良知，非聞見小知而已。」見張載，《張載集·正蒙·誠明》（臺北：漢京文化事業公司，1983 年），頁 20。

〔註30〕 參見張載，《張載集·正蒙·大心》（臺北：漢京文化事業公司，1983 年），頁 25。

〔註31〕 參見張載，《張載集·正蒙·大心》（臺北：漢京文化事業公司，1983 年），頁 25。

〔註32〕 參見陳政揚，《張載思想的哲學詮釋》（臺北：文史哲出版社，2007 年），頁 188。

2. 透過存心養性以圓成無限的生命

在這個存心養性，具體的實踐道德的自我成長過程之中，個人的生命視野才能不斷的被拉高，張載在《正蒙·大心》提到「大心體物」。〔註33〕 所謂「大心體物」，這是主體透過自身「存心養性」、「變化氣質」的修養工夫，去養成博大的心胸，而能夠「民胞物與」；去體驗萬物的「無孤立之理」，去體驗萬物一體的宇宙，有了這個道德實踐的「證量」〔註34〕，而不只是純粹由「見聞之知」而來的知識上的「理解」，那麼才能打破個人以「小我」爲我的執著。

打通天人之隔，人我之隔，物我之隔，有限的生命被賦予無限的意義，生命到了這個高度，個人的「小我」就成了充塞天地之間的「大我」。人在「盡心知性知天」的道德實踐中，逐步的大其心，到天道的層次，慢慢的了解到原來道德不只是「應然」，也是「實然」，不只是主觀上「價值」的問題，也是客觀的「存有」問題。〔註35〕體會到人心即仁心，即天心，看到宇宙間的生生不已的天理流行。這反過來成爲自我生命的源頭活水，滋潤著我，感動著我，使我源源不斷的體受到這宇宙的愛，這愛豐富我，充沛我，到自然滿溢而必須流露出來，我自然也必須將這愛一步一步，由近及遠，推己及人的推擴出去，去愛人愛物、成己成物。天地之間既然無一物而非我，儒者便不會再將個人現實遭遇的逆順，貧賤富貴，乃至個人形軀生命的存續視爲人生最重要的事情。

〔註33〕 張載曰：「大其心則能體天下之物，物有未體，則心爲有外。世人之心，止於聞見之狹。聖人盡性，不以見聞梏其心，其視天下無一物非我。」見張載，《張載集·正蒙·大心》（臺北：漢京文化事業公司，1983 年），頁 24。

〔註34〕 關於「證量」，廖俊裕先生引熊十力先生《原儒》一書，將人的認識方法分爲兩種：「比量」和「證量」，「比量」是屬於理智上的思維，比度推理；「證量」則是沒有主客對立的「體驗」，也是在一個「意義的統一體」中，有一「直接的親證性」（自明自了），這個「證量」一詞，熊先生說來自佛學，「證量」也是一種「現量」（直覺），但並非是屬於五識感官上的「現量」（感性直覺），而是與存有具體的親證直覺。參見廖俊裕，《道德實踐與歷史性—關於蕺山學的討論》（臺北：花木蘭文化出版社，2008 年），頁 91。熊先生之說參見熊十力《原儒》（臺北：明文書局，1988 年），頁 2。張載區分「聞見之知」與「德性之知」，「聞見之知」即是「比量」，德性的「天德良知」累積而來的即是此處的「證量」。

〔註35〕 方東美先生曾指出：「根據中國哲學的傳統，本體論同時也是價值論，一切萬有存在都具有內在價值，在整個宇宙之中更沒有一物缺乏意義。」參見方東美著，馮滬祥譯，《中國人的人生觀》，收入《中國人生哲學》（臺北：黎明文化事業公司，1983 年），頁 94。

（四）順逆兩安，存順沒寧

1. 順逆兩安的命運觀

〈西銘〉：

> 富貴福澤，將厚吾之生也；貧賤憂戚，庸玉女（同汝）於成也。

這是張載對命運的順逆問題所作的回答。「富貴福澤」，這是一般人眼中的順境，是上天對我們的厚愛，我應當珍惜，不可辜負天地的恩情；「貧賤憂戚」是上天對人的考驗和鍛鍊，我應當在困境中學習成長。後者顯然是繼承了孟子的「故天將降大任於是人也，必先苦其心志，勞其筋骨，餓其體膚，空乏其身，行拂亂其所為，所以動心忍性，曾益其所不能。人恆過，然後能改；困於心，衡於慮，而後作；徵於色，發於聲，而後喻。入則無法家拂士，出則無敵國外患者，國恆亡。然後知生於憂患而死於安樂也。」（《孟子·告子下》）〔註36〕的思想。

當人持續透過道德實踐，體悟天之所以為天，了解人之所以為人，天道性命貫通為一，體會到一切都是天理的流行，他對人在天地間存在的意義和所謂的「命運」會有不同的看法，那就是每一件事情都是有正面的意義的。一般人貪著於富貴幸福的人生順境，但儒者卻看到如果你不更加勤勉、自我警惕，而只是一味貪圖享受，陷溺物欲之中，那麼這些優厚的條件，不是好事，只是讓你「死於安樂」的毒藥而已。但是，儒家也不會因為「死於安樂」的可能而排斥富貴幸福，顏子之樂也只是在「安貧樂道」，重點是「樂道」，而非「樂貧」。孔子云：「不義而富且貴，於我如浮雲。」（《論語·述而》）〔註37〕 反之，只要富貴合乎義、合於道，那麼有之時，權且用之又何妨？以「富貴福澤」來潤澤我的生命，使我有更大的力量來成己成物，利益大眾。至於一般人所厭惡的「貧賤憂戚」，所恐懼的人生逆境，儒者卻了解這些看似不如意的境遇都是自我提升、成長的珍貴材料和人生的功課，通過了考驗，人生之路又是無限的寬廣。

因此，什麼是順？什麼是逆？每一件事的發生都有其珍貴的價值和意義。那麼我們就可以安之若命，無所謂順逆了。

〔註36〕見朱熹，《四書章句集注》（臺北：大安出版社，1999年），頁487。
〔註37〕見朱熹，《四書章句集注》（臺北：大安出版社，1999年），頁130頁。此外，《論語·里仁篇》亦云：「富與貴是人之所欲也，不以其道得之，不處也；貧與賤是人之所惡也，不以其道得之，不去也。」見《四書章句集注》，頁93。

2. 存順沒寧的生死觀

〈西銘〉:

> 存,吾順事;沒,吾寧也。

張載提到活著,我要順著天理做事,以「順事」的原則,盡自己對社會的、自然的各種義務;生命終結,便要以「沒寧」的原則,自然接受,既不畏懼,也不迴避,這不是對死亡無可奈何的接受,而是對肉體生命的超越,是完成了自己對國、家、天下義務之後的一種心靈平靜、安詳和滿足,也就是中國士大夫千百年來所追求的「聖賢境界」,到了這種境界,中國士大夫不需成佛、長生、救贖,和審判,也可以獲得「安身立命」的終極價值。〔註38〕

陳政揚先生在〈由張載生死觀反思當代生命教育議題〉一文中,參考了生死學取向來論生命教育,將張載的生命教育分成「對死之必然的認識」與「對生命意義的探尋」兩項重要課題來探討。〔註38〕 先討論「對死之必然的認識」,再論及「對生命意義的探尋」。然而如果不牽就當代生命教育的生死學取向,就儒家來說,儒家取向的生命教育,「對生命意義的探尋」顯然是優先於「對死之必然的認識」,甚至不必問「死」。

張載繼承了孔子「未知生,焉知死。」(《論語·先進》)〔註40〕 的觀點,認為人面對生死問題的態度,應該是將目光放在「生」這件事上,而非致力於探究死後的世界如何。張載區分人的生命為了形軀生命和德性生命,並「由氣之聚散說明生死現象之必然,而且表示唯有人之德性生命可以超越生死氣化之必然,成為即有限而可無限之存在,故人生的意義應當在追求德性生命的不朽,而非形軀生命的永恆持存。」〔註41〕張載「成德之教」的生命教育,在天道性命貫通為一的道德實踐歷程中,拉高了,放大了個人生命的視野,體會到天人、人我、物我的鴻溝被填平了,樊籬被跨越了,無一物而非我,一切都是真實存在的天理流行。那麼,人將不再侷限於從有限的形軀生命去探究生命的意義和價值,而是從無限的道德生命中去證成生命的意義,所以張載說:「盡性,然後知生無所得,則死無所喪。」(《正蒙·誠明》)

〔註38〕 參見張踐,〈《西銘》:中國士大夫的精神家園〉,收在趙吉惠、劉學智主編,《張載關學與南冥學研究》(北京:社會科學文獻出版社,2004年),頁222。

〔註38〕 參見陳政揚,〈由張載生死觀反思當代生命教育議題〉,收在《張載思想的哲學詮釋》(臺北:文史哲出版社,2007年),頁156。

〔註40〕 參見朱熹,《四書章句集注》(臺北:大安出版社,1999年),頁172。

〔註41〕 參見陳政揚,〈由張載生死觀反思當代生命教育議題〉,收在《張載思想的哲學詮釋》(臺北:文史哲出版社,2007年),頁181。

〔註 42〕人對死亡的恐懼和嫌惡什麼時候會克服？除非你知道怎麼生，才會知道怎麼死。除非你能好好的活出生命的意義來，那麼當死亡來臨時，你才能好好的離去。所以張載甚至明白的主張：「死之事只生是也，更無別理。」(《經學理窟・學大原上》)〔註 43〕

個人人生中的順境逆境，乃至生老病死之大限，在經過這一連串成己成物，圓滿踏實的道德實踐之後，成了什麼？張載哲學為我們指出的是：當吾人生命的視野侷限在個人有限的形軀生命時，當你眼中只有「小我」的一己之私時，那麼，人生的困境必然是無法超越的；但是，若我們能將生命的視野拉高、放大到不朽的道德生命時，那麼生命中的種種不圓滿，將不會成為生命的限制，反而為自我的成長與突破提供珍貴的素材，成為茁壯我們生命的養分，這是多麼奮發激昂，鼓舞人心的精神思想！

四、結論：〈西銘〉的現代意義和對當代生命教育的啓示

(一)〈西銘〉的生命教育精神無他，唯愛與自由而已

生命教育做作為一項落實於學校教學教育的理念，所傳達的理當不僅是相關知識的灌輸，而是更應該致力於生命精神的激發。〔註 44〕本文從〈西銘〉一文反思，看出張載通過道德實踐的精思力行，鼓舞著人心，激勵著歷代的讀書人。張載不僅從學理上提出理想的願景，更提出實際的修養功夫，這都是可以作為落實生命教育的參考。

黃俊傑先生在其〈論儒家思想中的「人」與「自然」之關係：兼論其 21 世紀之啓示〉一文中曾提到「近二百年來受工業文明與資本主義文化所形塑出的世界，可說是一種『斷裂』的文化」，這種文化的斷裂性表現在三方面：一是個人與宇宙本體之間的斷裂，二是人與自然之間的斷裂，三是人與社會的撕裂。在現代社會中，人與人的疏離感日益深刻，「現代文明以孤立個人作為主體，但過度個人主義卻也使人日益孤單。正如西洋哲學家所說，人是被

〔註 42〕見張載，《張載集》（臺北：漢京文化事業公司，1983 年），頁 21。
〔註 43〕見張載，《張載集》（臺北：漢京文化事業公司，1983 年），頁 279。這兩句話二程子也同樣說過：「生死存亡皆知所從來，胸中瑩然無疑，止此理爾。孔子言『未知生，焉知死。』，蓋略言之。死之事即生是也，更無別理。」見程顥、程頤，《二程集一・河南程氏遺書卷第二上》（臺北：漢京文化事業公司，1983 年），頁 13。
〔註 44〕參見陳政揚，《張載思想的哲學詮釋》（臺北：文史哲出版社，2007 年），頁 189。

上帝拋擲在人間沒有意義的存在。這種疏離感的加深，使現代人不但在日常生活上苦悶不已，在面對終極問題時更是徬徨無助。」〔註45〕而儒家思想傳統中的連續性和一體觀，「希望在個人與宇宙間，建立起和諧的關係；試圖在個人與宇宙超越本體之間，建立互動的關係；也努力在個人與社會群體之間，建立起共生共榮共感的關係，此一傳統智慧在現代文明的困境中，日益彰顯其價值。」〔註46〕

〈西銘〉所展現的和諧、一體、連續的精神世界，對治我們現代人貧瘠荒涼的精神困境，所給的答案，用現代的語言來說即是「愛」與「自由」。人的精神痛苦來自於「自我」──「小我」的一己之私。當這個「小我」被無限的膨脹，眼中沒有世界只有「我」，當這個「我」太大，不免和世界擦撞，人只愛自己，不愛世界，最後也會忘記該如何才是真正的愛自己。太多的如意、不如意，乾坤莫測的順逆禍福就足以使生命神魂搖蕩，顛倒不安。我們以為世界是黑暗的，但其實也許只是我戴了墨鏡而已。當我不斷的放大自己的心量（大我），以「大心體物」，我接上那生命的源頭活水，慢慢的充滿了愛的能量，源源不絕。在愛人的過程中，我如如看到天理流行，生生不已；我如如的發現，原來世界充滿了愛。萬物皆備於我，無一物而非我，那麼我還有什麼缺乏的？我還有什麼好自私的？這個時候個人的際遇，順逆、禍福，乃至生死大限，我都可以不受其左右。因為沒有負面的東西，一切都有其正面的意義。我不受外在環境的左右，只是順著我的良知、天理而行，那麼，生命這時可以領受到「自由」，一種內在的自由，真正的精神自由，生命至此，何等痛快！何等自在！

（二）教育者應將〈西銘〉生活化、深入淺出化以克服文字障礙

〈西銘〉一文，雖然僅僅二百五十三字，卻被譽為張載一生的智慧結晶，在歷代儒學中也是一顆雖然小但光芒萬丈的巨星。即使到了現代，它的智慧並不隨著時代而褪色，針對現代文明的疏離困境，乃至現代教育的意義危機，我們看到它超越了時空限制，仍彰顯著普遍性、永恆性的價值。

〔註45〕 參見黃俊傑，〈論儒家思想中的「人」與「自然」之關係：兼論其 21 世紀之啟示〉，《現代哲學》，2005 年第 1 期，頁 14。參見
http://huang.cc.ntu.edu.tw/class-HI/HI_1.pdf（2010.1.8 查詢）。
〔註46〕 參見黃俊傑〈論儒家思想中的「人」與「自然」之關係：兼論其 21 世紀之啟示〉，《現代哲學》，2005 年第 1 期，頁 15。參見
http://huang.cc.ntu.edu.tw/class-HI/HI_1.pdf（2010.1.8 查詢）。

在生命教育的教學上，這實在是一個很好的教材。但可惜的是文字的古雅蒼老，使我們很難將〈西銘〉的深刻智慧如實的傳遞給學子，使他們也感受並且受用於這一份生命的感動與莊嚴。這有待於身為教育工作者的我們，自己先以道德實踐、自我修養，累積生命的「證量」，再以我們的專業克服文字的障礙。唯有我們反芻消化後，以生活化的方式引導學子，深入淺出的帶領他們進入儒家莊嚴的生命教育殿堂，用現代的語言，讓〈西銘〉博大精深的精神，得以跨越千年的時空，繼續影響我們，教育我們，開啟我們的智慧。

參考文獻

一、古典文獻

1. 鄭玄，《禮記鄭注》（台北：學海出版社，1981 年）
2. 張載，《張載集》（台北：漢京文化事業公司，1983 年）
3. 程顥、程頤，《二程集》（台北：漢京文化事業公司，1983 年）
4. 朱熹，《四書章句集注》（台北：大安出版社，1999 年）
5. 孫詒讓，《定本墨子閒詁》（台北：世界書局，1965 年）
6. 南懷瑾、徐芹庭，《周易今註今譯》（台北：台灣商務印書館，1986 年）

二、當代專書

1. 方東美著，馮滬祥譯，《中國人的人生觀》，收入《中國人生哲學》（台北：黎明文化事業公司，1983 年）。
2. 牟宗三，《心體與性體》第一冊（台北：正中書局，1999 年）。
3. 林思伶主編，《生命教育的理論與實務》（台北：寰宇出版社，1990 年）。
4. 唐君毅，《中國哲學原論・原教篇》（台北：台灣學生書局，1984 年）。
5. 陳政揚，《張載思想的哲學詮釋》（台北：文史哲出版社，2007 年）。
6. 廖俊裕，《道德實踐與歷史性—關於蕺山學的討論》（台北：花木蘭文化出版社，2008 年）。
7. 熊十力，《原儒》（台北：明文書局，1988 年）。
8. 趙吉惠、劉學智主編，《張載關學與南冥學研究》（北京：社會科學文獻出版社，2004 年）。

三、期刊論文

1. 胡義成，〈仁道唯物論和「新關學」——回視張載〈西銘〉對「仁道」的論證〉，《昆明師範高等專科學校學報》，第 22 卷第 1 期，2000 年 3 月。
2. 商聚德，〈〈西銘〉義蘊析論〉，《保定師專學報》，第 14 卷第 1 期，2001

年 1 月。

3. 陳福濱,〈從生命的意義與價值論生命教育〉,《輔仁學誌:人文藝術之部》,28 期,2001 年 7 月。

4. 黃俊傑,〈論儒家思想中的「人」與「自然」之關係:兼論其 21 世紀之啓示〉,《現代哲學》,2005 年第 1 期。參 http://huang.cc.ntu.edu.tw/class-HI/HI_1.pdf(2010.1.8 查詢)。

5. 劉天杰,〈張載的「民胞物與」論及其現代意蘊〉,《江西社會科學》,2007 年 4 月。

6. 劉少航,〈張載〈西銘〉的大愛主義〉,《邊城學院學報》,第 22 卷第 3 期,2004 年 6 月。

附錄二：唐君毅先生的工夫論
——敘事治療的一種形式[*]

一、前　言

　　清末民初以來，在「花果飄零與靈根自植」的文化危機時代，當代新儒學經過幾代哲人的苦心經營，在目前的華人文化區甚至歐美文化界已經有了初步的成績。已有論者指出「在台灣的當代新儒學或新儒家流派是台灣非常大的哲學派系。」〔註1〕在大陸也有學者公開承認其為當代新儒家，如羅義俊先生等；儒學也成為國家重點研究項目。在歐美，波士頓神學院院長南樂山

---

[*] 本文為王雪卿與廖俊裕合著，曾發表於《鵝湖》413 期，2009.11，頁 41～55（ISSN：18133738）。

　　為了方便與避免過多注釋，本文凡有關唐君毅先生的引文皆於其後注明出處與頁數。引用唐君毅著作的縮寫表如下：
《心物》：《心物與人生》（臺北：臺灣學生書局，1984）。
《心靈》上：《生命存在與心靈境界》上冊（臺北：臺灣學生書局，1988）。
《自我》：《道德自我之建立》（臺北：臺灣學生書局，1985）。
《廷光》：《致廷光書》（臺北：臺灣學生書局，1984）。
《乾坤》：《病裡乾坤》（臺北：鵝湖出版社，1984）。
《論集》：《哲學論集》（臺北：臺灣學生書局，1990）。
《續編》：《人生之體驗續編》（臺北：臺灣學生書局，1984）。
《體驗》：《人生之體驗》（臺北：臺灣學生書局，1985）。
《隨筆》：《人生隨筆》（臺北：臺灣學生書局，1989）。
《年譜》：《年譜.著述年表.先人著述》（臺北：臺灣學生書局，1990），唐端正編撰。
〔註1〕 王英銘主編：《臺灣之哲學革命》（臺北：書鄉文化公司，1998），頁 51。王先生只是現象的描述，林安梧先生對此現象有鞭辟入裡的觀察及原因說明，參林安梧：《當代新儒家哲學史論》（臺北：明文書局，1996），頁 174。

（Robert Neville）和副院長約翰‧白詩朗（John Berthrony）等人，認爲儒學已是國際性運動，提出所謂的「波士頓儒學」概念。這些都已說明儒學已經從「寂寞的新儒家」而慢慢地蓬勃發展了。

在這個發展的版圖中，琳瑯滿目，百花齊放，舉凡傳統儒學的客觀性研究、儒學與現代化的關係、儒學與經濟發展的關係、儒學與其他宗教的對話、甚至各地區儒學的研究，都已蔚爲大觀。〔註2〕

但正如同曾昭旭先生所指出的，新儒學的發展，首先是「『新』儒學」，這是爲了對治時代的機緣問題而必須率先發展的，這重視其時代性。然後，才是「新『儒』學」，意思是說，要再發展到儒學中內聖學部分，人之所以爲人的安頓身心學問。曾先生以爲，前者是牟宗三先生所當令的，後者是唐君毅先生所在行的。〔註3〕當我們觀看整個新儒學的發展，確實在儒學之所以爲儒學部分的內聖學工夫論部分是比較缺乏的，這個內聖學工夫部分較爲缺乏，並不是說新儒家沒有對傳統工夫論提出他們的闡釋，這部分從熊十力先生、牟宗三先生、徐復觀先生到唐君毅先生等都有提出他們的看法，內容也頗爲豐富精采。但這還是屬於可以客觀討論的理論部分，並不是涉及到新儒家個人主體內部的眞實工夫問題上。也就是說，如果我們問：新儒家他們個人的工夫路數爲何？他們個人遇到內在生命問題時，是如何解決的？以至於可以成爲他們的工夫宗旨，就如同明代理學家，各有其講學宗旨，而這宗旨就是他個人的得力處。黃宗羲說：

> 大凡學有宗旨，是其人之得力處，亦是學者之入門處。天下之義理無窮，苟非定以一二字，如何約之，使其在我。故講學而無宗旨，即有嘉言，是無頭緒之亂絲也。學者而不能得其人之宗旨，即讀其書，亦猶張騫初至大夏，不能得月氏要領也。〔註4〕

黃宗羲這樣的說法是扣緊道德實踐而立論，是就個人遇到生命困擾時生命實踐之所得而說的。主要就是從工夫論所說的，這方面，王汎森先生說得更清楚了：

〔註2〕 參考劉宗賢主編：《當代東方儒學》（北京：人民出版社，2003）。或吳光主編：《當代儒學的發展方向-當代儒學國際學術研討會論文集》（上海：漢語大詞典出版社，2005）。此二書都可看出當代儒學的豐富面向。

〔註3〕 曾昭旭：《在說與不說之間——中國義理學之思維與實踐》（臺北：漢光文化公司，1992），頁 127～128。

〔註4〕 黃宗羲：《明儒學案‧發凡》，《黃宗羲全集》第七冊（臺北：里仁書局，1987），頁 17。

宋元諸儒所習,「多務闡明經子,不專提倡數字,以為講學宗旨。明
儒則一家有一家宗旨,各標數字以為的。白沙之宗旨曰靜中養出端
倪,甘泉之宗旨曰隨處體認天理,陽明之宗旨曰致良知,又曰知行
合一。其後鄒守益主戒懼慎獨,羅洪先主靜無欲,李材主止靜,王
畿、周汝登主無善無惡,高攀龍主靜坐,劉宗周主慎獨,紛然如禪
宗之傳授衣缽,標舉宗風者。」〔註5〕

現在的問題是,假設一個人讀了當代新儒學的書後,他感到願意選擇儒學為
其生命宗旨下,當他遇到生命的困惑寂寥蕭瑟時(有生命宗旨,並不是在實
踐上就會沒有困惑寂寥),就當代新儒學而言,有何可以在內聖學上提供其道
德實踐的具體途徑?是以酒色自娛?還是可以積極面對的一個治療管道?就
如同上引文所說的各有其工夫宗旨,我如何從其工夫宗旨下手?

在這方面,唐君毅先生比較顯其特色,而可以給後學一個指引的方向,
尤其這表現在他「人生之路」系列著作上。〔註6〕唐先生在「人生之路」系列

〔註5〕 王汎森:〈明末清初思想中之「宗旨」〉,《大陸雜誌》第94卷第4期,1997.4,
頁1。

〔註6〕 「人生之路」系列著作是唐先生一生都念茲在茲的事業,但這個系列的外延
範圍,是有變動的,在《自我》導言中,唐先生說到「人生之路」系列包含
《體驗》、《自我》、《心物》第一部和〈意味之世界〉一文(見《自我》,頁23)。
在《心物》自序中,唐先生說到「人生之路」系列包含《體驗》、《自我》、《心
物》三書(《心物》,頁1),缺少了〈意味之世界〉一文。在《唐君毅全集》
中,編者將《體驗》、《自我》、《心物》、《續編》、《乾坤》及一些雜文,編為
「甲編──人生之體驗」,頗為合理,但缺少了〈意味之世界〉一文,〈意味
之世界〉後來名為〈意味之世界導言〉,收錄於《唐君毅全集》卷十八《哲學
論集》,本文以為應該補上此文方是,唐先生在給廷光的信上說:「我忘了我
自己來看此信,我覺得這信真不是我寫的,而是神使我寫的。其中的意味真
是深厚不可測,決不可從文字上求。我寫人生之路寫到第八部名曰意味之世
界,有三萬字,我說宇宙只是一大意味,人生即領悟此大意味之意味。一切
的語言文字最後都是不能真表達宇宙人生的秘密的。所以佛說法四十九年最
後說無所說。莊子說言無言終身言未嘗言。孔子說天何言哉,予欲無言。耶
穌說上帝在你心裏。科學上的道理可說,哲學上淺近的道理可說。最深的道
理是理又是情,情理交融成一意味,意味只可默默的感受,澄了心,靜了慮
在山間水涯忘了自己忘了人忘了世界,靜悄悄的只聽見自己的呼吸,只覺到
自己的脈膊,以至這些都忘了去感受。」(《廷光》,頁67)從這裏來看,唐先
生認為人生之路的很重要一個觀點是:人生是一「意味」。因此本文「人生之
路」系列著作包含了在《唐君毅全集》甲編和〈意味之世界導言〉一文(但
甲編中《青年與學問》、《愛情之福音》二書應當排除在外,此二書唐先生一
直沒有放在他的「人生之路」系列中,是全集編者所為)。

著作，恰巧便是呈現他所感到的人生苦痛，及他如何透過書寫敘事來達到清明的境界。唐先生曾說：

> 我之寫此書，根本不是爲人寫的，而是爲己寫的。所謂爲己，也不是想整理自己的思想，將所接受融攝之思想，凝結之於此書。只是自己在生活上常有煩憂，極難有心安理得，天清地寧的景象。雖然自己時時都在激勵自己，責備自己，但是犯了過失，總是再犯，過去的煩惱，總會再來。於是在自己對自己失去主宰力時，便把我由純粹的思辨中，所瞭解的一些道理，與偶然所悟會到的一些意境，自靈台中拖出來，寫成文字，爲的使我再看時，它們可更沉入內在之自我，使我精神更能向上，自過失煩惱中解救。一部不能解救我，便寫第二部。在寫時，或以後再看時，我精神上總可感到一種憤發，便這樣一部一部的寫下去了。（《體驗》，頁2）〔註7〕

從這裡，我們可以看到，唐先生在寫「人生之路」時，爲的是面對自我生命的煩惱苦悶，尤其是老是不能徹底解決的煩惱過失，透過這樣的書寫治療，唐先生顯然認爲是有效的，可以使他精神更爲向上，解救他的煩惱。唐先生在寫這些書時，是爲自己而寫的，可是，寫完後，卻有其他的作用——幫助別人的作用。唐先生對廷光說：「一年多來我陸續寫人生之路寫了八部，我將陸續寄給你看，當可以解決你一些問題，因爲我這書都是從自己生活上的苦痛罪過，自己體驗而得的。」（《廷光》，頁 53）單波先生也說：「這種由一己之人生體驗所引發的哲思，更易推廣到一切現實存在的人，因爲這種哲思是由眞實的生命裡流出的。」〔註8〕我們剛剛說到，如果有人在生活上有苦悶煩惱，而欲在新儒學中學習一種工夫，使自己能從這樣的苦悶煩惱中超拔出來，唐先生這樣的方法是可以提供一個管道的。

　　唐先生提供這樣的管道可以有兩種學習方法，一種是直接閱讀這些「人生之路」系列著作，而起一種閱讀治療、讀書治療。〔註9〕例如，上文所說唐

〔註7〕 在《自我》導言，也有相同的說法，見《自我》，頁23。

〔註8〕 參考香港中文大學教育學院現代新儒家唐君毅網頁，2009.9.10 查詢 http://www.fed.cuhk.edu.hk/youngwriter/tang/yp1-16.htm，亦可參單波：《心通九境——唐君毅哲學的精神空間》（北京：人民出版社，2001），頁 10，但字句有些不同。

〔註9〕 參王萬清：《讀書治療》（臺北：心理出版社，1999），但此書偏於有讀書治療諮商員的參與，和兒童讀書治療，和本文所說之閱讀唐先生文章所起的讀書治療，有些不同。

先生希望廷光女士閱讀而能解決問題；或者是曾昭旭先生自述其在「孤苦無極，傷痛無極，憤怨無極，悲鬱無極」時，讀到唐先生《人生之體驗續編》時，所起的作用──「長久來的悲鬱如洪流宣洩，我的手顫抖著，雙淚直流。……我直不是在讀書，而是在洗鍊。……讀畢，如蛻一層皮。……這眞是我在成人的路上的一大關鍵。」〔註10〕這樣的方式比較偏於閱讀「人生之路」系列著作中內容的涵養，也算是某種工夫論的實踐。劉毅鳴《唐君毅的修養工夫論──以「人生之路」爲核心》，是比較偏於此類的著作。〔註11〕其中也有其閱讀的方法──「體驗」，而非只是一般理智上的閱讀而已，理智上的閱讀缺乏體驗，可能沒有閱讀治療上的效果，林毓生先生比較偏於此類讀法。但是這還是「鴛鴦繡出從教看，莫把金針度與人」的直接觀看鴛鴦效果，也很不錯。卻非本文重心，本文要放在第二種閱讀「人生之路」的學習方法，就是直接去研究那把金針，然後便拿那把金針用在自己身上。依唐先生所說，唐先生希望他的哲學是一「橋樑道路」，而非「城堡山嶽」、「安息的處所」，〔註12〕因此就第二個學習的方法也許更合乎唐先生的期望。

唐先生這「人生之路」系列著作的書寫治療所呈現的工夫，筆者將其取名爲「敘事治療的一種形式」。

二、敘事治療的一種形式

爲什麼叫做「敘事治療的一種形式」呢？從形式上看，唐先生在「人生之路」系列著作上，如果可以起安頓身心的治療作用，應該叫「書寫治療」（writing therapy），因爲他運用的方法，就是書寫，不過本文不擬用此名，本文欲用更廣的詞語「敘事治療」（narrative therapy）來包含，除了敘事原本就有口說和書寫兩個面向外，〔註13〕主要的原因是在學術界上，書寫治療研究的較少，作用還不明確。〔註14〕敘事治療的研究較多，成果較爲豐碩，而

〔註10〕 曾昭旭：《性情與文化》（臺北：時報文化公司，1985），頁125～126。

〔註11〕 劉毅鳴：《唐君毅的修養工夫論──以「人生之路」爲核心》，臺北：臺灣師大2004年國文研究所碩士論文。

〔註12〕 參《心靈》上，頁34～35。《心物》，頁3。

〔註13〕 敘事治療基本上以口說爲主，但不反對書寫，M.White、D.Epston 說到：「有時候，有些人需要協助，但是卻不想和任何人談，甚至不想見任何人時，我們就會用書寫方法處理。」見 M.White、D.Epston（1990）、廖世德譯（2001）：《故事、知識、權力》（臺北：心靈工坊文化公司），頁42。

〔註14〕 關於書寫治療資料並不多，可參簡怡人、詹美涓、呂旭亞：〈書寫治療的應用

且敘事這個概念來自於後現代主義，目前並沒有較為公認定義，普通說法就是敘述事件、說故事，這是因為「敘事的精神本來就是要避免理論評判的武斷性，甚至以敘事來代替理論體系的架構。……敘事心理學的研究和敘事心理治療的實踐探索，其實不是在構建概念化的知識體系，而是致力於一個基本隱喻的不斷呈現。」〔註15〕拿這個精神看唐君毅先生「人生之路」系列著作，更可以看出其一致性。唐先生在《體驗》說：

> 本書各部義蘊之交流互貫處，何以不先指出？今藉王維詩解嘲曰：
> 「玩奇　不覺遠，因以緣源窮。遙愛雲木秀，初疑路不同；焉知清流轉，偶與前山通。」
> 本書何以不用最確切的語言表眞理？今藉歌德二語解嘲：「眞理似乎是把光不但放射於一方面，而且也放射于多方面的金剛石般的東西。」「只有不確切的，才是富於創生性的。」（《體驗》，頁3）

詩的手法之一就是隱喻，唐先生在回答問題時，用詩來回答，其中的用意非常明顯，就是不著意於概念的說明。敘事本身不重在概念的建構，反而是基本隱喻的不斷呈現，在不斷的呈現中，照見自我，發現自我。這就是唐先生認為「人生之目的，不外由自己瞭解自己，而實現眞實的自己」（《體驗》，頁33）。所以唐先生常常重覆說，他這些著作都不是學院式的著作，他認為「今日之所謂研究所及大學之學院式的出版物，則大皆為不能直接誘導出人根于道德自我而生發之眞實理想與嚮往者。」（《自我》，頁6），〔註16〕這正是概念化，抽象化的結果，沒法由此中發現自我。因此當我們在看「人生之路」系列著作時，會發現其敘事手法頗多，有童話「人生之旅行」（《體驗》，第四部）；有假設一個「我」喃喃細語的說明「自我生命之途程」（《體驗》，

及其療效〉，《諮商與輔導》239期（2005/11）。以書寫小說而言，論者謂有其書寫治療效果，參洪素萱：《「對他／她，亦是存亡之秋」—由書寫治療論《荒人手記》》，臺南：成功大學2003年中文所碩士論文。疾病書寫也有其書寫治療效果，參李明珍：《曹又方《淡定‧積極‧重生》疾病書寫研究》，彰化：彰師大2006年國文研究所碩士論文。疾病書寫對象非常具體，以生理疾病為主，唐先生除了很具體的眼疾等疾病書寫《病裡乾坤》外，無法範圍其他諸書。不過最大的問題是，同樣寫小說的邱妙津、黃國峻、袁哲生等皆以自殺身亡。其中邱妙津曾說：「自己一定要寫作，如果不寫作或太久沒寫作，人生就完全沒有意義，我生活的所作所為都是為了要寫作。」（邱妙津：《邱妙津日記》，臺北：印刻出版社，2007。1994.1.16記）。這才是所當究的。

〔註15〕李明、楊廣學：《敘事心理治療導論》（濟南：山東人民出版社，2005），頁1。
〔註16〕《心物》，頁3，亦有類似話語。

第三部；《自我》第三部分）；有較為結晶詩化語言說明「生活之肯定」（《體驗》，第一部）；有反省一生之生理病痛而探索其意義之作品（《乾坤》），也有自我教導自我的唐先生名為「教訓體」作品（《自我》，第二部分）；有對話體（《心物》，第一部分）；有札記體（〈目疾中札記及其他〉，收於《隨筆》）；甚至也有賦體（《自我》，附錄）；頌體（《體驗》，附錄）。這是新儒家中很獨特的現象。新儒家寫童話，想到就很有趣。

　　以上，簡要說明「敘事」這個觀念，主要目的是要和唐先生「人生之路」系列著作的手法做一關聯。接著我們要說「敘事治療」。「敘事治療」這個概念其實是出自於後現代主義，後現代主義基本上質疑絕對真理的存在，沒有絕對本質意義的人，是話語建構造就了人，〔註 17〕所以就「敘事治療」而言，我們幾乎在每一本關於「敘事治療」的書或期刊中，都看不到對它的定義，最多是對它的解釋或舉出它的某些重要假設。〔註 18〕如果就字面上意義來說，「敘事治療」就是用敘事的方法來治療某些（心理）生命的病痛，但既然敘事治療這觀念出自質疑絕對真理存在的後現代主義，我們便要知道，這裡的「治療」兩字，顯然是方便的說法，因為治療便意涵著「權威的宰製」（有一治療者與被治療者），誰來治療誰呢?所以，人不是病人（心理上的病人），他只是沒有察覺到他生命中更多的事實經驗或其意義。〔註 19〕因此，「問題是問題，人不是問題」便成為敘事治療的名言，「每個人都是自己生命的專家，問題的專家，沒有人比他更瞭解他自己。」〔註 20〕透過敘事，事件主角重新發現了他自己，建構了他自己。事實上，唐先生在「人生之路」系列著作中，所做的，就是在敘事中，重新發現了他自己，建構他自己，以消除他原本對自我的疑慮、否定而產生的煩惱苦悶。那為何要叫做「敘事治療的

〔註 17〕 參尤卓慧等：《探索敘事治療實踐》（臺北：心理出版社，2005），第一、二章。
〔註 18〕 如 A.Morgan（2000）、陳阿月譯（2008）：《從故事到療癒──敘事治療入門》（臺北：心靈工坊文化公司）。J.Freedman、G.Combs（1999）、易之新譯（2000）：《敘事治療──解構並重寫生命的故事》（臺北：張老師文化公司）。M.White、D.Epston（1990）、廖世德譯（2001）：《故事、知識、權力》（臺北：心靈工坊文化公司）。周志建：〈敘事治療與現實治療之比較〉，《諮商與輔導》第 200期，2002.8。尤卓慧等：《探索敘事治療實踐》（臺北：心理出版社，2005）。以上都不對「敘事治療」作定義。
〔註 19〕 廖俊裕、王雪卿：〈大學國文寫作課程的一個實踐策略──生命史、敘事治療與自我實現〉，《研究與動態》，第十七期，2008.1，頁 13～14。
〔註 20〕 尤卓慧等：《探索敘事治療實踐》（臺北：心理出版社，2005），頁 59。周志建：〈敘事治療與現實治療之比較〉、《諮商與輔導》第 200 期，2002.8，頁 20。

一種形式」，其中的「一種形式」是什麼意思呢？會加上「一種形式」，表示他們當然還是有些不同的，尤其是目前的敘事治療，還是要有個敘事治療師（雖然敘事治療師常常認為他們不是治療師，而是個和故事主角的同行者，謂之敘事同行者），唐先生的治療師顯然是他自己，但這更合乎敘事治療的特色——每個人都是自己生命的專家。〔註21〕

在將唐先生的工夫論和敘事治療做連結時，看起來，這似乎是最大的扞格衝突處。因為儒家似乎是肯定主體的，肯定真理的本質存在的，這些都好像是和後現代主義相衝突的。這個問題，恰巧可以從唐先生認為世界是一個「意味的世界」來解決。唐先生認為宇宙是一互相攝入的大意味，他說：

> 我們如果把宇宙當作一通體相關宇宙，則任何對象以通體相關之宇宙為背景，其意義都可說通於一切對象。所以我們嚴格說起來，我們應當可以於一對象中，領略其一切意義，而感受一全宇宙之意味於一對象中。（《論集》，頁99）

> 我們要忘掉「我」才能盡量瞭解一對象之意義，我們亦須忘掉「我」才能盡量感受對象之意味。（《論集》，頁100）

> 從意味的觀點，則無一意味能為主體，一切意味都是主體，都是隸屬於其他主體。所以從意義的觀點我們只可以說宇宙是一互相貫穿意義系統；而從意味的寬觀點，則只能說宇宙是一互相攝入的大意味。（《論集》，頁101）

從這些引文中，我們可以知道，在唐先生的意味宇宙裡，主體的地位是很弱義的，沒有主體，或說，主體都是互相隸屬於其他主體的，這和後現代主義相一致的。在真理方面，他也是由意味來解決的，唐先生說：

> 以意味為唯一之真實。我們所求的只是意味之充實深厚。……我們對一真理，我們說他所解釋之事理愈廣我們對其真之感越深。這是因此真理解釋之事理愈廣即能通之其他之事理愈多。通得愈多即是愈使我們的心由此理而超越到其他之事理。我們所謂的超越原是純粹之超越，即不離不即之超越。所以我們並不覺此超越。我們只覺

〔註21〕 不過，這牽涉到個人反省能力的高低。雖說每個人都是自己生命的專家，但有時反省事件的能力不足，還是需要敘事治療師的提問適當的問題來進行探索，只不過，最終的答案決定者，還是故事主角，由此來說每個人都是自己生命的專家。

> 愈眞之眞理愈能放出光，而照到其他事理。這即是我們對此眞理所
> 感之意味愈濃厚。所以我們說一眞理系統愈博大而各部愈能相映發
> 者，此眞理系統愈有眞理價值。因爲各部愈相映發，及各部愈互能
> 超越其自身而增濃其眞的意味。（《論集》，頁 116-117）

唐先生在世時，後現代主義還沒被提出來，因此他的論述會有傳統符應論眞
理觀字句，例如他所說的眞理「系統」，不過，我們要注意，這眞理系統是
以超越爲其重點的，因爲「超越」，所以看是系統卻無系統相，引文其中，
那個流動的眞理，是不斷生成、不斷超越的，所以唐先生會有「愈眞的眞理」
這種詞句出來，眞理不是眞即是假，怎會有「愈眞的眞理」？這正是意味的
世界中，眞理是流動的緣故之所致。這種眞理觀也頗相應於後現代主義眞理
觀。〔註 22〕

三、唐先生的工夫論：敘事治療第一步──外化（externalization）

上文說到，敘事治療認爲人不是問題，問題才是問題，人與問題是二分
的。敘事治療發展出一個方法叫做外化。外化和內化（internalization）是對
比的兩個觀念。M.White、D.Epston 說：

> 「外化」是一種治療方法，這種治療方法鼓勵人們將壓迫他們的問
> 題客觀化，有時候則是擬人化。在這樣的過程中，問題變成和人分
> 開的實體，所以問題是在原本被認爲是問題的人或關係之外的東
> 西。問題原本被視爲屬於人或關係內在而較不易改變的性質，因而
> 變得比較容易改變、比較不束縛人。〔註 23〕

透過問題不是在人的內部，而是在人的外部使人產生困擾煩惱。這樣人與問
題分離。敘事治療常常透過「命名」的策略來加強這個外化的作用。例如，
「那個喜歡惡作劇的怪獸如何影響你？」（對象爲一個喜歡惡作劇的人）、「那
隻笨笨蟲怎麼跟你談論你自己的？」（對象爲一個自認爲笨笨的小孩）〔註

〔註22〕 參魏瓊、董巖：〈初探眞理觀的流變與海德格爾德的眞理觀〉，《湘潭師範學院
學報》（社會科學版），第 31 卷 2 期，2009。唐先生的眞理觀和後現代主義的
眞理觀之對比，是個大問題（尤其是在「人生之路」系列著作中），本文僅先
稍作說明，重點只是在說明唐先生的工夫論可以和敘事治療接軌而已，並不
是胡亂比附。

〔註23〕 M.White、D.Epston（1990）、廖世德譯（2001）：《故事、知識、權力》（臺北：
心靈工坊文化公司），頁 44。

〔註24〕 參 A.Morgan（2000）、陳阿月譯（2008）：《從故事到療癒──敘事治療入門》

24），內化恰巧和外化相反。內化的觀念是認為自我是問題的根源，故事主人翁認為自己有問題，自己就是問題。外化的好處，主角不須承擔問題根源的責任，容易釋放受困擾的生命能動性，主角不是被解決的對象，可與敘事同行者聯盟，共同對付問題。以 M.White、D.Epston 對家庭成員之敘事治療經驗，問題外化的優點，如下：

> 降低失敗感。很多人在努力解決問題仍然失敗以後，對問題的持續存在常常會有失敗感。
>
> 打開新的可能性，使人能夠採取行動，從問題和問題的影響當中恢復生活與家庭的關係。
>
> 使人對「嚴重得要命」的問題採取比較輕鬆、有效、沒有壓力的方法。
>
> 提供對話的可能，使人免於對問題只能獨白的困擾。〔註25〕

一般人，對外化最大的疑慮是，這樣會使主人翁喪失對問題的責任感。內化的優點也被人如此提出，內化可以讓人對他的行為負責，承認自己是問題，是改變的開始。但敘事治療者，常常發現，主角如此內化，承認自己道德上或能力上的不足，易增加挫敗感，打擊信心。自己是問題，在身體、性格、基因、靈魂深處，有與生俱來的問題因素。如此更難從問題中脫困而出。反而外化可以增加責任感，A.Morgan 說到：「外化降低罪惡感，然而也留下負責的空間。」〔註26〕為什麼呢？因為既然問題根源不在主角身上，主角卻煩惱困擾，主角當然要為他的困擾負責，在問題外化的同時，必須把問題對人的影響過程具體化、情境化（透過一個和敘事同行者的對話）。把外化問題和社會情境連接起來，人才能冒出來，知道人如何讓那個外在的問題跑進來影響自己，而成為故事主角，得以解決問題。

在唐先生的「人生之路」系列著作中，其撰寫的第一步作用，常常就有外化的功能，但不純粹只是像敘事治療式的問題外化，有時他也有內化的傾向。對於唐先生這樣圓融思維的思想家而言，他的哲學重視「歷程」，是種「歷程哲學」〔註27〕，很善於觀看出各個理論的優缺點來說，不太可能侷限

（臺北：心靈工坊文化公司），頁 46。

〔註25〕 M.White、D.Epston（1990）、廖世德譯（2001）：《故事、知識、權力》（臺北：心靈工坊文化公司），頁 45。原文有六點，此處摘錄四點以見一般作用即可。

〔註26〕 參 A.Morgan（2000）、陳阿月譯（2008）：《從故事到療癒──敘事治療入門》（臺北：心靈工坊文化公司），頁 44。

〔註27〕 參廖俊裕、王雪卿：〈唐君毅「判教理論」的初步考察〉，《研究與動態》第八

於一端。事實上，問題嚴重性大者，自我肯定力薄弱者，適合外化，因爲他對於自我的考察，已經幾近完全沒有信心，這時還叫他負責，有強人所難之嫌，外化對他是需要的。對於自信心尚可者，適合內化，這時跟他說，問題不在他，他還認爲是藐視他不尊重他生命價值。一般來說，唐先生在「人生之路」系列著作中，比較偏向外化，但也有內化的產生，例如：在《道德自我之建立》中，第二部份「道德之實踐」中，唐先生用「教訓體」（唐先生語）來撰寫，他說：

> 你當認識你自己。對你自己，負有絕對的責任。你不能把你的任何行爲之產生，只溯其原因於你之遺傳與環境。你必須把你的一切行爲，都視爲你自己作的自己決定的。不論是你有意識的行爲或無意識的行爲，常態的行爲或偶然的行爲，你一概要承認是你自己決定的。（《自我》，頁 37-38）

以上這段引文，說明所有的行爲都要承認是我自己決定的，都必須負起責任。這顯然偏於內化觀點。在唐先生「人生之路」系列著作中，內化較少，本文便以外化爲主論述。

對於外化作用而言，唐先生是透過靜心觀照書寫而得外化功能，唐先生說：

> 我寫此書各部時之心境，各不相同。大體都是如上所說，出於解救自己之 煩惱過失的動機，想使自己之精神沉入一理境中去。但我雖是出於解救過失之動機，而寫此書各部，在寫作時，卻無與煩惱過失掙紮奮鬥之情調。此時，我心靈是平靜的超脫的，我是站在我自己煩惱過失之外，來靜觀我自己。這居於靜觀地位的我，好似上下無依，迥然獨在的幽靈。這幽靈，一方面上開天門，使理境下降；一方俯瞰塵寰，對我自己與一切現實存在的人，時而不勝其同情惻憫，時又不勝其虔敬禮贊。所以寫作時常常感觸一種柔情之忐忑，忍不住流感動之淚。（《體驗》，頁 3）

在一般敘事治療中，透過「外化」來造成人與問題的分割，而達成某種故事主角從問題泥淖中掙脫出來，而恢復解決煩惱的能力，並降低其罪惡感、失敗感。唐先生的敘事治療中，則是透過「靜觀」的方式，來達成人與原來的我間的精神空間，人與他原來煩惱過失間的外化。方法的第一步是先不要和

問題對抗（「無與煩惱過失掙紮奮鬥之情調」），只要書寫敘述即可，如果對抗，接下來的靜觀就不好做到。人們會說，我已經夠煩惱困擾了，怎麼還能夠靜觀呢？的確，人這時的靜觀能力也許是差的、不足的。雖然以唐先生的敘事治療方法，日後的靜觀能力會增強，但剛開始，也許是不足的。所以唐先生第一步是先不要和問題對抗，這表現出他的辯證思維特色，〔註28〕不離開反而容易離開，掙扎著想要離開反而被問題綁得更緊，故根本不和煩惱過失掙扎抗爭，我只要寫出來就好，這時，靜觀能力便跑出來了。靜觀能力一出來後，唐先生說有兩個作用產生：上下兩種作用。對上的作用是「上開天門」，一上開天門，人承受道理的能力就出現，就容易「理境下降」，這當然是很重要的，從而可以看出煩惱困擾之理由所在。對下的作用是「俯瞰塵寰」，當一俯看世間紅塵，唐先生發現，對自己或一切現實人，有兩種感受會出現，「時而不勝其同情惻憫，時又不勝其虔敬禮贊」，一方面同情惻憫，對自己或現實世間的人，產生悲憫同情，唐先生一貫的觀念：悲憫可帶來超越，也能產生像敘事治療的外化作用，降低人的罪惡感與失敗感出現。除此之外，還出現另一種感受「虔敬禮贊」，反而可以出現對自我或現實的人的尊敬感。這當然是很不錯的治療效果。

四、唐先生的工夫論：敘事治療第二步——對話與描述

在傳統敘事治療上，外化後的步驟就是「對話」。事實上，這兩個步驟常常緊密的聯合在一起，上文我們說到，外化後，反而會帶來負責的空間。既然問題外化，而我們還煩惱困擾，所以必須透過一個過程，去追溯問題的歷史，來將問題如何進入到我們生命之中，而造成困擾的歷程找出來。敘事治療的方法就是對話，而因為敘事同行者，通常不給答案，以免造成知識權威的宰製，因此最常用的方法就是提問、問話。

在敘事治療的世界裡，身分不是由理性來界定的，而是由故事來界定的，每個人的獨特性就是因為每個人的故事不同。「我們用故事去組織我們的經驗，並給予它們意義。我們根據故事綱領，去選擇出合適的事件，然後把他們設置於線性時間裡，以先後的次序把他們聯繫起來」〔註29〕原來，我

〔註28〕 關於唐先生的辯證思維，可參曾昭旭：《在說與不說之間——中國義理學之思維與實踐》（臺北：漢光文化公司，1992），頁130～133。

〔註29〕 尤卓慧等：《探索敘事治療實踐》（臺北：心理出版社，2005），頁21。

們說故事，常常不會亂說，通常會有個故事綱領（或叫「價值終點」）。如我們現在爲「我不夠聰明」所苦，當我們去說我們的故事時，「我不夠聰明」便容易成爲故事綱領，便傾向回憶起那些表現不佳的經歷，如被騙，被戲弄，做了什麼蠢事，最後眞的達成一價值終點：「我＝不夠聰明」。〔註30〕

　　在這樣的情形下，故事主角容易忽略曾經聰明的經驗。提問、問話、對話的目的就是重新詮釋或挖掘其他被遮蔽的經驗。因此敘事同行者，往往會提出以下的問題：「一直以來，你是怎樣熬下去的？」、「你怎樣抵擋它對你的誘惑/攻擊？」、「雖然它經常操控你，但你能否記起，在哪些時候，你可以削弱它對你的控制，甚至是可以全身而退？」、「你用什麼方法去抵擋它的詭計？」、「能否告訴我詳情？」、「還可以告訴我其他獨特的例子嗎？」〔註31〕

　　透過對話和問話，去追溯問題的歷史，可以打開生命的廣大空間。也可聯想到關於問題的其他故事。而且問題放在時間的脈絡中，就會看出問題有變化，較不穩定，影響或大或小的時刻也得以辨識出來。當發現問題在不同的時間有不同的變化，人覺得輕鬆多了。〔註32〕甚至瓦解原來的價值終點，而建立起新的故事綱領。

　　唐先生的敘事治療所帶來敘事方式，基本上，屬於自我敘事，他這種敘事因爲沒有敘事同行者的參與，所以展開的風貌和一般敘事治療頗爲不同。在前面，我們說到，透過接受問題的存在，靜心觀照而造成的「理境下降」，隨著這下降的理境，展開自我敘事，其風貌非常豐富。有一般敘事治療所最常見的「對話」，例如，《心物》第一部，便是非常明顯的對話體，透過「愼思」、「常識」二人的對話，來展開人生之體驗的陳述。其中，「愼思」顯然代表是唐先生，常識則是一般人的心靈狀態，目的是要釐清一般人關於自然、物質、心靈、人生的隨意論斷與混亂狀態。但是這種對話雖然也有敘事，雖然都是陳述雙方所認爲人生眞實情事，但和一般敘事治療扣緊日常生活中

〔註30〕尤卓慧等：《探索敘事治療實踐》（臺北：心理出版社，2005），頁21～22。
〔註31〕尤卓慧等：《探索敘事治療實踐》（臺北：心理出版社，2005），頁31。敘事治療的問話類似，但詳略間不同，有關問話，也可參考 A.Morgan（2000）、陳阿月譯（2008）：《從故事到療癒——敘事治療入門》（臺北：心靈工坊文化公司），頁53～64。最詳細的問話研究可參考 J.Freedman、G.Combs（1999）、易之新譯（2000）：《敘事治療——解構並重寫生命的故事》（臺北：張老師文化公司），頁176～247。
〔註32〕A.Morgan（2000）、陳阿月譯（2008）：《從故事到療癒——敘事治療入門》（臺北：心靈工坊文化公司），頁56。

發生的某些事情來對話是不同的。雖然唐先生敘事治療的對話中，也有比喻，也有感受。〔註33〕但顯然是比較偏於生命理念的對話。這對於一般人會比較不親切，但對於反省人生觀，自我認同有很大的幫助，思辨力較低的人恐怕無法勝任的。唐先生還有另一種對話，也很特別，在《心物與人生》第二部第五章「人生之智慧」，此章中，說明主角做了個夢，在夢中，透過一個小孩智慧神的指引，主角得以和世上各哲人見面，然後提問，哲人回答，以見人心靈之智慧，來開展自我。他訪問了叔本華、尼采、馬克思、斯賓諾薩、康得、席勒、柏拉圖、奧古斯丁、子思、釋迦。問這些哲人：「世界如何充滿刀兵？人生有何價值，世界如何能安寧？」問題。各以哲人口吻來回答，甚至哲人還自承哪些不足（如馬克思）。這也是一種對話方式。這種方式很有幫助，因為能應用才算是理解，不能應用就不能算理解。〔註34〕這種方式對於理解他人幫助很大。而理解他人是為了理解自我。〔註35〕前面我們說到，沒有人是病人，只是他沒有發現更多有關他自己的事情和意義。換言之，當他更理解發現自我，當然便有治療的效果。

但是在對話外，唐先生敘事治療的敘事手法，也有自我敘事，這比較偏向描述的手法，描述本來就是唐先生哲學很重要的手法，透過描述現象知識，而使自我發現層層昇進擴大，以達到煩惱的解除。〔註36〕在〈病裡乾坤〉一文是最明顯的表現，〈母喪雜記〉、〈母喪雜記續記〉也是同樣的手法。這三篇最為特殊，因為在此之前，唐先生反省生命的煩惱等，都還有些抽象的味道，讀者很難知道他現在因著什麼事情而不安，只是知道現在有不安的心理現象，而他的自我書寫，可以有效的疏導這些不安。如《體驗》、《續編》等書都是如此。到了這三篇，敘事的特色最為濃厚具體，我們可以知道唐先生正發生什麼事情。以〈病裡乾坤〉為例，唐先生說到十四、五歲便有希賢希聖之志，二十歲時，身體病痛多，腦、肺、腸、胃、腎皆病，加上自負不凡，感嘆人不我知，竟然「煩惱重重，屢欲自戕」，這是唐先生很少的自陳。這個問題，唐先生雖然在寫此文時，已經知道「名」的虛幻性，但當時，他

〔註33〕 參《心物》，頁3，此處說明「常識」先生對於哲學家的感受。
〔註34〕 參何秀煌：《記號學導論》（臺北：水牛出版社，1988），頁23～25。
〔註35〕 「一個人在他人之中重新發現他自己」，參 R.E.Palmer（1969）、嚴平譯（1993）：《詮釋學》（臺北：桂冠圖書公司），頁131。
〔註36〕 參廖俊裕：〈論唐君毅哲學的合法性起點與發展性〉，《研究與動態》第二輯，2000.1。

走的不是體驗名的虛幻性，他到了二十二歲方得解決，一方面，唐先生二十一歲開始發表文章，〔註37〕世人已漸知其人之存在，更重要的是，二十二歲，唐先生父親去世，他感到長子的責任，一身之病乃漸消。唐先生此時的對治方法，自我敘事的治療功能應還是有的，他曾因此寫了數首「夢二十歲死」之詩。〔註38〕

　　不過，更重要的是，唐先生由此反省三十餘年來所悟會的義理，未必是真正之覺悟，在患目疾這段一年多來，對人生較有真覺悟，且有勘驗印證，所以書寫病中所經之心情曲折。

　　然後，唐先生描述開始時，他患目疾之態度，談笑自若超脫自然。繼而，他發現此中有「虛憍慢易」之情。唐先生反省他之所以能談笑自若，除了醫學技術的發達使他認為可以醫治而痊癒外，最重要的是，他從小到大，有一些超越的經驗。使他隱約感到目疾可以治癒，故超脫自在。然後，他追溯這些超越經驗，如至武侯祠之祈禱而應驗事；如讀象山悟宇宙即吾心之理，所生憤悱之經驗；又如，唐先生常常提到的其十七歲到北平讀書，其父送船，其感到古今中外普遍長存之人生無限悲感，而知人生有一超越而無私之性情。接著，他舉了與眾人觀看孫中山先生紀錄片、和月食事件。由此超越意識、超越世界之呈露，談及天及天命之存在。因此面對目疾，之所以超脫的原因，在後面有一普遍無限之超越世界作為依據。依據無限世界來面對有限目疾。依據無限來面對有限。此時，容易有天命感，唐先生舉孔子、耶穌、佛陀、劉邦、梁漱溟等人為例，說明「有命在天」之感。而這些都「多少具有一超越而自謂為大公普遍之宇宙性的心情，而自覺其生命之在世間，負有某一種使命，自謂當完成，不得不求其完成，而亦為必完成者。」唐先生認為以往他省察他自己有大公之心，而來的目疾將會痊癒的超然，雖然也有可能為真（「可能」應是唐先生的謙辭，應該是為真），但其中也可能為虛妄的成分，就是也有可能是傲慢心的呈現。所以應該了所當為、如理作意。故其目疾反省之傲慢心，進而敘述孔子、曾子、王陽明、高攀龍、劉蕺山、蘇格拉底等人面對死亡憂患的態度，所以當了無法了的人生任務，和人自認為須等待自我之為當了、當作間之任務，便有一矛盾。唐先生乃進而討論理與事，

〔註37〕唐先生在此處的發表文章記載，和《年譜》不同，應是誤記。依《年譜》，唐先生在十六歲時，便在校刊發表〈荀子的性論〉，見《年譜》，頁16。

〔註38〕參《年譜》，頁22。

習氣與病，痛苦與神佛，當與不當之辨，覺與無覺，盡生死之道與超生死，痛苦之究極的價值意義，最後結穴於痛苦與大悲心、崇敬心及感慨祈願心而解決目疾所帶來的不安。〔註 39〕

我們後面省略了討論，因為我們在前面唐先生描寫他的目疾時，已經達到我們的目的。唐先生的這種自我敘事治療方法有個特色：層層昇進之辯證歷程。〔註 40〕這種層層昇進到後面的階段，並不會有今是昨非的挫敗感。就像是唐先生在描述他面對目疾時，所已經確定的超越世界的宇宙情懷，再進而發現有傲慢心的存在可能，進而發現憂患與死生之道等等，每個階段都是發現更多的自我經驗，前面的每個階段不是被否定，而是被作用的保存到後面的階段。每個歷程都是全新自我的發現。因而帶來的是安定感，而非否定感。

五、唐先生的工夫論：敘事治療的第三步——迴響

傳統敘事治療因為要處理故事主角早已習慣看待自己的充滿問題的故事，所以即使在對話、問話中，故事主角也已發現了新的、比較喜歡的獨特故事。但正如同唐先生在《乾坤》中所說的，人都是有習氣的，唐先生說：

> 吾人之生活，隨時間而流轉，每作一事，即留存一以後在同類情境下再作之趨向。此即昔賢如劉蕺山所謂心之餘氣，是為習氣。一事屢經重作，則習氣愈增。（《乾坤》，頁 26）

一個人習慣了某些故事，以致於生活產生了困擾，習氣當然非常濃厚。所以當一個故事主角發現了新的故事，可以來開始讓他喜歡他自己，他面對的還不是未來的新生活，常常是如何面對那些舊有故事的習氣。要一個曾經有許多煩惱的故事主角，沒有支持的來把握這些新的描述故事，這是很有困難的。所以敘事同行者發展出來一些方法來支持這些新故事。這些支持包含人和物兩方面，在人方面，發展出迴響團隊和儀式。在物方面發展出檔、宣言、證書、手冊等。〔註 41〕

唐先生的敘事治療，由於是自我敘事治療，他的外化功能和傳統敘事治療方法不相同，所以基本上，對於傳統敘事治療中，故事主角所需要的支援，

〔註 39〕 以上參考《乾坤》，頁 1～72。

〔註 40〕 這個特色很多地方都可看出，如《體驗》第三、四部也很明顯。

〔註 41〕 A.Morgan（2000）、陳阿月譯（2008）：《從故事到療癒——敘事治療入門》（臺北：心靈工坊文化公司），頁 100～101。

唐先生恰巧是不需要的。但在某一方面來說，我們可以把發表當作是唐先生敘事治療迴響的一形式，這個形式比較接近傳統敘事治療的宣言種類。但我們知道，唐先生在寫完這些文章時，本意是不準備發表的，因為他認為這些文章都是為他自己所寫的，很個人性的，所以常常不想發表這些文章。〔註42〕所以大部分都是寫了很多年，因為一些機緣而發表，例如〈病裡乾坤〉珍藏了九年，其發表是為了以文稿資助《鵝湖》月刊的創辦發行而提供的。〔註43〕這種為己而寫的文章，有些文章唐先生還用比較詩意的文字來描寫，所以即使讀者不清楚明確，也是自然的。但若有人看到，甚至沒有人看到，唐先生認為，只要存在即可，他的存在自身就是一種價值，而且正因為為己而寫的，更有其不可替代的價值。〔註44〕不過依據唐先生自己說到，一般都有不錯的好評，〔註45〕這樣發表之後，視為某種宣言，也有其迴響的效應。〔註46〕

六、結論與展望

以上，我們借用了敘事治療的概念作為對比發展出唐君毅先生的工夫論──敘事治療的一種形式。我們採取了 A.Morgan 在說明敘事治療時的策略，不過多說明後現代主義的理論，也沒有描述文學理論和人類學對敘事治療的影響，只是試圖透過敘事治療的一些主要想法，〔註47〕作為唐先生的工夫論──敘事治療的一種形式能得以有效的背景知識。經過對於本身煩惱問題的接受、靜觀、敘事、發表，一個人在面對他的煩惱困擾時，可以提供一個確實有效的修養功夫，這正是唐先生給予我們的「金針」。就當代新儒學而言，在內聖學上便可提供其道德實踐的具體途徑。

〔註42〕 參《自我》，頁 4。

〔註43〕 參《病裡乾坤》，曾昭旭先生的序。

〔註44〕 參《自我》，頁 4。

〔註45〕 參《體驗‧導言》，頁 3。《自我》，頁 23～24。

〔註46〕 唐先生這類文章的發表，在現代資訊社會，更有其發表上的方便，例如個人部落格（blog）。這也有很好的治療效果。參王家茗：《網路書寫動機與意義之探索──以「明日報個人新聞台」為例》，臺北：世新大學 2001 年傳播研究所碩士論文。王薇棻：〈從書寫治療淺談部落格之網路書寫〉，《臺灣心理諮商通訊全球心理衛生 E 學刊》，試刊號第 3 期，參考 2009.9.10 查詢 http://www.heart.net.tw/epaper/p212～1.htm

〔註47〕 A.Morgan（2000）、陳阿月譯（2008）：《從故事到療癒──敘事治療入門》（臺北：心靈工坊文化公司），頁 159。

　　在基督教中，Stanley Hauerwas 甚至認爲透過敘事，人可以成爲一個有德性的人，由此他還和 Hans Frei 等人發展出敘事神學（Narrative theology），認爲現代社會中，以理性爲主，思考怎樣按照規則進行行爲選擇，並不是倫理學、倫理建設的主要目標，而應該是造就有德性、有品格的人。他認爲「只有通過敘事的方式，才能有效的實現。因爲自我的身分是敘事地給予的；語言的概念、傳統也需要敘事性的展示；敘事能夠提供另一種類型的道德理智。」〔註48〕

　　龔鵬程先生曾經說過，在當代新儒學的發展中，新儒家後學有「把自己投射於抽離的、掛空的概念之中」異化的可能，「他們的生命似乎太健康了」，〔註49〕事實上，不是新儒家後學太健康、沒有生命的病痛，而是他們用了理性思辨的方法，而沒有繼承唐先生所開展的敘事方法，有病痛而道德修養的這個面向無法開展。劉小楓先生說：

> 倫理學自古有兩種：理性的和敘事的。理性倫理學探究生命感覺的一般法則和人的生活應遵循的基本道德觀念，進而製造出一些理則，讓個人隨緣而來的性情通過教育培育符合這些理則。亞裏斯多德和康德堪稱理性倫理學的大師。有德性的生命感覺，就等於思辨的才能。敘事倫理學不探究生命感覺的一般法則和人的生活應遵循的基本道德觀念，也不製造關於生命感覺的理則，而是講述個人經歷的生命故事，通過個人經歷的敘事提出關於生命感覺的問題，營構具體的道德意識和倫理訴求。……理性倫理學關心道德的普遍狀況，敘事倫理學關心道德的特殊狀況，而眞實的倫理問題從來就只是在道德的特殊狀況中出現的。〔註50〕

依劉先生的區分，倫理學基本上就是理性的和敘事的，而理性的倫理學本來就以理性思辨來探討普遍的理則，這樣的方法所探究下來的儒學，當然就會像龔鵬程先生所說的抽離掛空，太健康了。在當代新儒家中，從唐先生的「人生之路」系列著作之敘事治療形式到曾昭旭先生的《性情與文化》、《人生書

〔註48〕 參汪建達：《在敘事中成就德性——哈弗羅斯思想導論》（北京：宗教文化出版社，2006），頁 5。

〔註49〕 參龔鵬程：〈我看新儒家面對的處境與批評〉，收入龔鵬程：《近代思想史論》（臺北：東大出版社，1991），頁 259～260。

〔註50〕 劉小楓：《沉重的肉身——現代性倫理的敘事緯語》（北京：華夏出版社，2004），頁 7。

簡》、《從電影看人生》，恰巧正是敘事的倫理學類別，這似乎可以防止此異
化之可能，並且發展出儒學中的「敘事儒學」面向。〔註51〕

〔註51〕事實上，十幾年來，臺灣的社會科學界早已發現客觀量化研究的限制，而發
展質性研究。在心理學界，許多的論文基本上都是自我敘事述說而成。反觀
儒學，還斤斤於所謂學術的客觀性，無法將內聖工夫的敘事與論文結合，的
確是儒學異化的危機。隨舉數例，林仁廷：《「尋」與「逃」：一個失聲男性對
「力」與「情」的辯證》，臺北：輔仁大學 2001 年心理學研究所碩士論文。
陳盈君：《走向她──解構社會壓迫的另外一種取徑》，臺北：輔仁大學 2005
年心理學研究所碩士論文。王甄蘋：《壓迫中的解放與自由──一個諮商員
的自我敘說、自我生成與專業實踐》，臺北：輔仁大學 1999 年心理研究所碩
士論文。劉于甄：《閱讀、寫作與心理自聊──穿梭在文字中的結構與解構旅
程》，臺北：輔仁大學 2004 年心理研究所碩士論文。這些論文都以敘說自我
生命故事或自傳為主體（有些加上日記、讀書心得、詩作），配上理論解說，
說明自我和女性友人關係的變化，或者自我在一個被社會期待男性長大的生
命反思，或者自我作為一個諮商員的成長歷程，或者是自我故事的重述。這
些論文一言以蔽之，都是自我敘事為主。參見李燕蕙：〈「論文」在學術與生
死之間：談敘事研究〉，收入李燕蕙：《夢與療癒》（臺北：桂冠圖書公司，2008）。
現在，假設我們嫻熟唐君毅先生理論，可不可以用唐先生的理論配上我們個
人的生命故事，反省我們生命的煩惱困擾與意義而成為一篇儒學論文呢？